王进

中华传统文化

黄静臆 ○ 著

北京燕山出版社
BEIJING YANSHAN PRESS
YSP

图书在版编目（CIP）数据

走进中华传统文化 / 黄静臆著. —— 北京：北京燕山出版社，2020.5
ISBN 978-7-5402-4932-8

Ⅰ.①走… Ⅱ.①黄… Ⅲ.①中华文化—小学—教学参考资料 Ⅳ.①G624.203

中国版本图书馆CIP数据核字（2020）第108908号

走进中华传统文化

作　　者	黄静臆
责任编辑	满　懿
出版发行	北京燕山出版社
地　　址	北京市丰台区东铁匠营苇子坑138号C座
电　　话	010-65240430
邮　　编	100079
印　　刷	北京政采印刷服务有限公司
经　　销	新华书店
开　　本	170mm×240mm　16开
字　　数	162千字
印　　张	9
版　　次	2022年6月第1版
印　　次	2022年6月第1次印刷
定　　价	45.00元

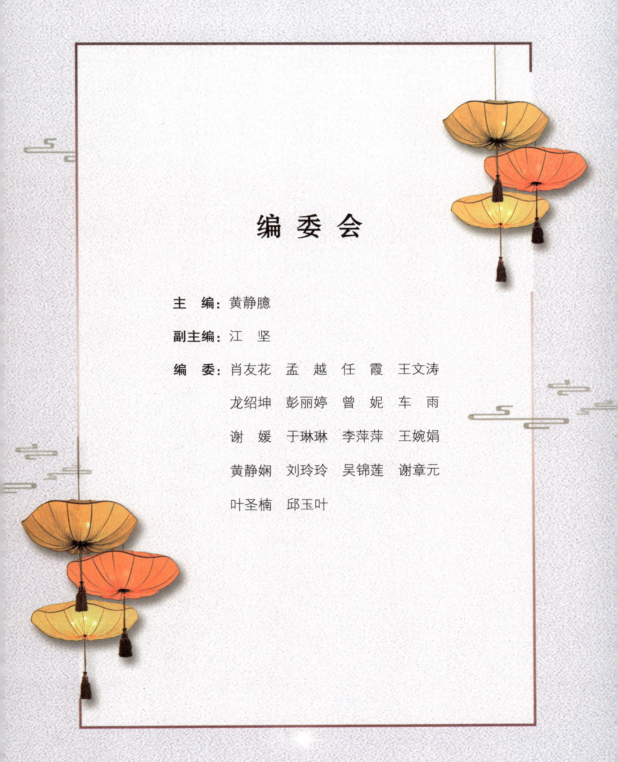

目 录

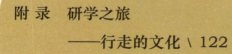

1 民俗文化

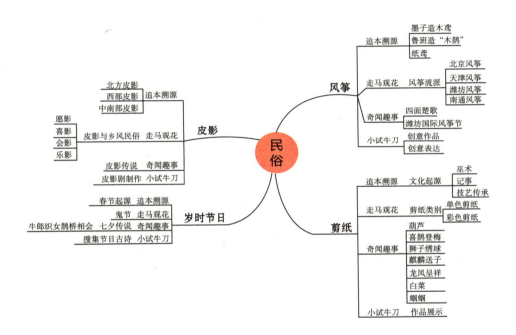

人人夸你春来早，欠我风筝五丈风。

镂金作胜传荆俗，剪彩为人起晋风。

一口道尽千古事，双手挥舞百万兵。

半盏屠苏犹未举，灯前小草写桃符。

天阶夜色凉如水，卧看牵牛织女星。

偶来人世值中元，不献元都未日闲。

（文字来源于网络）

村 居

（清）高 鼎

草长莺飞二月天，
拂堤杨柳醉春烟。
儿童散学归来早，
忙趁东风放纸鸢。

风筝的起源，可上溯到两千多年前的春秋战国时期。

墨子是历史上做风筝的第一人。《韩非子·外储说左》记载："墨子为木鸢，三年而成，飞一日而败。"意思是墨子用了三年时间，去模仿天上的鸢，研究并制作了一只木鸢，但是这只木鸢在空中没飞多久，就掉到地上摔坏了。

鲁班采用比木头更轻的竹子扎成主体，用竹篾编制翅膀，模仿喜鹊的样子制作了一只"木鹊"。他试验了三天，这只"木鹊"都可以在天上飞翔，这就是风筝的前身，但是因为工艺太复杂，需要能工巧匠才能制作，所以在当时并没有普及到寻常人家。《鸿书》记载"公输班制木鸢以窥宋城"，就是说鲁班利用"木鹊"进行军事侦察的事情。

后来，人们用纸代替竹篾制作风筝的翅膀，所以就有了"纸鸢"的称呼。直到东汉的蔡伦改进了造纸术，纸鸢才真正普及到民间。

五代有一个官员叫李邺，将竹笛放到了纸鸢上，当纸鸢飞向蓝天时，风吹着竹笛，发出类似于古筝的声音。从此，人们便把这种能发出声音的纸鸢叫作"风筝"了。虽然后来人们很少再在上面放竹笛，但是，"风筝"的名字却流传了下来。

"纸鸢"在长期的发展中，逐步形成了北京、天津、潍坊、南通四大风筝产地。这四大产地因民俗、地域环境、扎制手法的不同而成为影响全国的风筝流派。

一、北京风筝

北京风筝以沙燕为代表，也称"扎雁儿"。沙燕（见图1-1-1）的外

形模拟燕子的形象，在头、脚和两翼进行变形处理。头是燕子头的平面变形，尖嘴圆眼，眼睛上方有飞扬的眉眼，眉梢上挑，内部还绘有夸张的睫毛。整个头部不仅具有燕子的特点，还被赋予了人的面部表情。沙燕分为肥燕、瘦燕和雏燕等。

图1-1-1　沙燕风筝

沙燕尺寸多样，结构简练，主骨架仅由五根竹条组成，翅膀由上下两根竹条在端部弯曲而形成形状特殊的"膀兜"，这使沙燕在风小时容易起飞，风大时也能在空中保持平稳。在装饰上，人们在沙燕的前胸、膀窝和尾羽等部位绘制蝙蝠、桃子、牡丹、蝴蝶等吉祥图案，以祈求幸福、长寿和富贵。不同的图案有着不同的寓意，适合不同结构的沙燕，如雏燕两翼绘制荷花，寓意新荷出水、清新纯净；双翼燕上绘制牡丹、蝴蝶组成的蝶恋花图，寓意比翼双飞、白头偕老。

二、天津风筝

天津风筝以软翅风筝（见图1-1-2）为主。软翅结构采用软性的布或绢为裱糊材料，可以使制成的飞鸟或昆虫的翅膀更加轻盈，也可以使神仙人物的衣袖和身边的云彩更加飘逸。软翅风筝在绘制上多采用冷暖色对比的着色手法，强烈的色彩对比能够形成绚烂的视觉效果。而飞禽羽、昆虫翅膀、鱼类的鳍等则采用晕染手法着色，形象逼真灵动。

天津风筝的另一特色是团组类型的风筝，即将数量众多的小风筝排列起

来组成一个大风筝，如在一根主线上由很多支线连着十几只甚至几十只小燕子，放起来绕着主线上下飞舞，互相嬉戏，几乎可以乱真，称为"群燕"。

图1-1-2　软翅风筝

三、潍坊风筝

潍坊因风筝誉满中外，被各国推崇为"世界风筝之都"，国际风筝联合会的总部就设在潍坊风筝博物馆。自1894年以来，每年4月20日到25日都会在潍坊举行国际风筝节。

图1-1-3　龙头蜈蚣风筝

潍坊风筝在发展过程中吸收了该地区其他艺术门类的特点，选材讲究、造型优美、扎糊精巧、形象生动、绘画精细、品种繁多、起飞灵活。在发展过程中逐渐形成了潍坊杨家埠风筝和潍县风筝两大流派。

潍坊风筝形式多样，大致可分为串式、桶式、硬翅、软翅、板式、动态六大类。其中以大型长串的蜈蚣风筝最为特别，并逐渐演变出以龙头替代蜈

蚣头的龙头蜈蚣风筝（见图1-1-3），成为潍坊风筝的代表。

四、南通风筝

南通风筝以放飞时独特的音响效果著称，与北方的造型风筝分为南北两派。南通风筝俗称"板鹞"（见图1-1-4），外形简洁古朴，有正方形、长方形、六角形、八角形等，其中以六角、八角最有特色。多个六角风筝连接起来就组成了"七连星""九连星"，甚至多达"六十一连星"的风筝。一般大小都在一米以上，最大的竖起来有四五米高，需卡车运载。

图1-1-4　"板鹞"风筝

"板鹞"上缀满哨口，大小不一，下部的特大哨口选用葫芦、毛竹、白果、龙眼、乒乓球等制成。鹞面上绘有神话传说等民间绘画，下部系两根几十米长的尾绳。一只精致的板鹞，就是珍贵的民间工艺品，当地人家里都有珍藏，代代相传。大板鹞需要多人拉着放飞，升空后大中小哨口分别发出低中高音，五音和谐，悦耳动听，声传数里，宛似"空中交响乐"，据说哨口有30多种型号。

四面楚歌

垓下之战时，项羽的军队被刘邦的军队团团围住，韩信请人用牛皮制作大风筝，并在上面装上竹笛。风筝起飞后，迎风作响（一说张良用风筝系人吹箫），汉军士兵配合笛声，唱起了楚国民歌，唤起了楚军浓浓的思乡之情，直接瓦解了楚军的士气。结果，楚霸王一败涂地，在乌江边自刎，这就是成语"四面楚歌"的来历。

亲爱的读者，墨子和鲁班的创造精神实在令人佩服，你想跟随先贤的脚步吗？下面两个展示自我的机会，你想抓住哪一个呢？

一、创意作品

风筝的种类虽然很多，但制作风筝都离不开扎制、裱糊、画绘、放飞这四项技艺。让我们一起来做风筝吧！你可以按照步骤完整地做一个风筝；也可以选择这四个步骤中的一个，或是享受绘画的乐趣，或是感受放飞的自由。

二、创意表达

若是让你在潍坊国际风筝节上做一次开幕式的演讲，你会如何向来自世界各地的友人介绍中国的风筝呢？

剪纸招我魂，何时一樽酒。

不张悬锦缎，皆用彩纸剪人马以代。

嘉靖中制夹纱灯，刻纸刻成花竹、禽鸟之状。

（图片与文字来源于网络）

　　剪纸，又叫"刻纸"，是一种以纸为主要加工对象，以剪刀（或刻刀）为主要工具进行创作的镂空艺术。剪纸艺术起源于人类对大自然的敬畏和顶礼膜拜，其起源可归类为以下三点。

一、巫术

　　剪纸艺术的诞生源于古老的岩画艺术，古人在岩石上绘制动物等形象，原是基于一种巫术仪式，或是作为部落的图腾符号加以膜拜，并且有着美好的寓意。剪纸艺术通过形象、谐音、寓意、象征的手法，表现祥瑞如意的主题，顺应了人们渴望吉祥、幸福和对自然崇拜的精神内涵，如《"鸡"祥如意》《喜上眉梢》（见图1-2-1）、《"莲"生贵子》等。

图1-2-1　剪纸《喜上眉梢》

二、记事

　　古人利用形象的刻画教会族人认识猎物的长相、习性及捕捉技巧等；或是用于记录部落里发生的重大事件或喜庆场面。这种记录形式的延续在现代剪纸艺术中依然能够发现，如描绘全年各个时节风俗的剪纸《端午赛渡》（见图1-2-2）、《七夕乞巧》《过新年》《打春牛》等。

图1-2-2　剪纸《端午赛渡》

三、技艺传承

　　古代从事绘画、雕刻等技艺的先人通过某种方式将多年积累的纹样图案传承下去，并且寻找适合记录这种形式的方法和技巧。在造纸术发明之前，古人传承这种技艺的方式通常是刻在石头上，后来青铜器的发明又使得一些纹样以青铜的方式记录，后人渐渐发现这种技艺传承的模板具有独特的美感，于是开始利用金银制作这种早期的剪纸形式用来装饰，直到造纸术发明以后，这些装饰图案的传承才有了更为方便快捷的方式。

一、单色剪纸

　　单色剪纸是剪纸中最基本的形式，由红色、绿色、褐色、黑色、金色等各种彩纸剪成，主要用于窗花装饰和刺绣的底样。

图1-2-3　折叠剪纸

1. 折叠剪纸

折叠剪纸（见图1-2-3）即经过不同方式折叠剪制而成的剪纸。

2. 剪影

剪影是通过外轮廓表现人物和物象的形状，所以它最注重外轮廓的美和造型。剪影由于受轮廓造型的局限，一般以表现人物或其他物体的侧面为主。

二、彩色剪纸

彩色剪纸的形式和技法有点染、套色、分色、填色、木印和勾绘等。点染剪纸（见图1-2-4）滋润、装饰性强；套色剪纸脆利、色块鲜亮；分色剪纸分色截然、色感丰富；填色剪纸则单纯、洁净、鲜明，均给人以不同的感受。

图1-2-4 点染剪纸

1. 点染剪纸

点染剪纸是在刻纸上进行点色而成。类似于木版年画的效果。

2. 套色剪纸

套色剪纸通常以阳刻为主，进行大面积镂空，给套色留有余地。

3. 分色剪纸

分色剪纸（见图1-2-5）有的也称为剪贴剪纸。是两种或两种以上单色剪纸的组合拼贴，基本上还是单色剪纸。它是用剪好的不同颜色形状的纸拼成一个画面。

图1-2-5　分色剪纸

4. 填色剪纸

填色剪纸（见图1-2-6）亦称笔彩剪纸，着色时运用笔绘。具体做法是将黑色剪纸贴到白衬纸上，用笔在线条轮廓内涂绘。

图1-2-6　填色剪纸

5. 勾绘剪纸

勾绘剪纸（见图1-2-7）是剪纸与绘画相结合的一种形式。一种是以剪刻为主，兼用毛笔勾绘细部，然后用剪刀将空白处镂空；另一种是用金箔纸刻出花纹的大体轮廓，使某些局部空白，并适当勾以线条。

图1-2-7　勾绘剪纸

一、葫芦

葫芦（见图1-2-8）谐音"福禄"，其枝茎被称为蔓带，谐音"万代"，所以葫芦有"福禄万代"的含义。葫芦多籽，故而也有"多子多孙"的美好寓意。

图1-2-8　剪纸《葫芦》

二、狮子绣球

狮子威震四方，有辟邪的寓意。狮子绣球（见图1-2-9）象征美好、幸福的生活。

图1-2-9　剪纸《狮子绣球》

三、喜鹊登梅

喜鹊登梅（见图1-2-10），又称喜上眉梢，传说喜鹊能报喜，所以在民间喜鹊便成为"吉祥"的象征。

图1-2-10 剪纸《喜鹊登梅》

四、麒麟送子

麒麟送子（见图1-2-11）是我国古时的一种祈子法。麒麟是传说中的仁兽，是吉祥的象征，传说能为人们带来子嗣。

图1-2-11 剪纸《麒麟送子》

五、白菜

白菜（见图1-2-12），与"百财"谐音，是富贵财富的象征，有"财源广进"的美好寓意。

图1-2-12 剪纸《白菜》

六、龙凤呈祥

龙、凤，在中国传统中有吉祥、喜庆之意，故称"龙凤呈祥"（见图1-2-13）。

图1-2-13　剪纸《龙凤呈祥》

七、蝈蝈

蝈蝈（见图1-2-14），古时有万国来朝之意，今意为升官。

图1-2-14　剪纸《蝈蝈》

同学们，请将你的剪纸作品贴于下方，小组之间互相展示一下吧！

三尺生绢做戏台，全凭十指逞诙谐。

有时明月灯窗下，一笑还从掌握来。

——陕西民谣

说起娱乐活动，电影可以说是现在最受欢迎的一种形式了。坐在"小黑屋"里，盯着大银幕，你就能看到各国影片，而且种类丰富，任你挑选。但是你知道吗，在西方人发明电影之前，也有一种在白色屏幕上表演，而且很受欢迎的影子戏。它始于中国，然后在世界各地生根发芽，风行于世。它就是电影的鼻祖——皮影戏。

皮影戏（Shadow Puppets），又称"影子戏"或"灯影戏"，是一种以兽皮或纸板做成的人物剪影来表演故事的民间戏剧（见图1-3-1、图1-3-2）。表演时，艺人们在白色幕布后面，一边操纵影人，一边用当地流行的曲调讲述故事，同时配以打击乐器和弦乐，有浓厚的乡土气息。其流行范围极为广泛，并因各地所演的声腔不同而形成多种多样的皮影戏流派。

图1-3-1 仕女皮影图

皮影戏是中国民间古老的传统艺术，老北京人都叫它"驴皮影"。据史书记载，皮影戏始于西汉，兴于唐朝，盛于清代，元代时期传至西亚和欧洲，可谓历史悠久、源远流长。2011年，中国皮影戏入选人类非物质文化遗产代表作名录。

北宋末年，金兵攻陷汴京后，曾俘虏房一部分影戏艺人到北方，一部分影戏

艺人躲避靖康之乱西出潼关，大部分影戏艺人则随宋都南迁。这些影戏艺人在各地扎根繁衍，逐渐形成三大区域流派：北方皮影、西部皮影、中南部皮影。

图1-3-2　武士皮影图

北方皮影造型最典型的特征是小生、小旦人物脸谱，均为写意性的通天鼻梁镂空脸，其主要代表地区是唐山（见图1-3-3）。

图1-3-3　唐山皮影图

西部流派皮影（见图1-3-4）以陕西为代表，其脸谱最显著的特征是无论生旦净丑诸角均为"高额头"，影人前额突出，人物神气十足。

图1-3-4　西部皮影图

由于经济发达，中南部皮影发展繁盛，各类流派百花齐放。有海宁皮影（图1-3-5）、罗山皮影、湖南纸影戏（图1-3-6）、台湾皮猴戏等。

图1-3-5　海宁皮影图　　　　　　　图1-3-6　湖南皮影图

皮影戏作为一种具有浓厚地域色彩的民间艺术，是与本土文化紧密相连，且依托当地丰富的民俗文化活动而生存的。乡风民俗是皮影戏的重要载体，两者关系密切，不可分割。皮影戏之所以能够生存，不仅在于它的娱乐价值，更重要的是它具有深厚的民俗底蕴，而后者更是它的生存之根。

图1-3-7　愿影图

皮影戏是紧紧围绕社会习俗而产生的一种乡土艺术。农村中的祈福祭祀、岁时节令、庙会、婚丧庆典、请神还愿等民俗活动，农民称之为"愿

影"（见图1-3-7），也是皮影戏表演的重要形式。每当唱皮影戏时，杀猪宰羊，各户摊钱，连唱几天，祈求神灵保佑。

除了"愿影"，还有一种"喜影"（见图1-3-8），它不讲"正日子"，不供神棚，也不还愿，只是谁家有喜事，如发财、生孩子等，都要宴请亲朋，并请来影戏班子唱戏，以示庆贺。还有一种在庙会上演出的皮影戏，叫作"会影"，一般是每逢农历四月初八、十八、二十八和五月初五、六月初六等日子演出，会影演出天数按村民需要而定，资金由各户均摊。"乐影"一般是久旱逢雨、欢庆丰收时演出的皮影戏。

图1-3-8 喜影图

关于皮影戏的起源，部分学者认为起源于汉代，这种说法源于《汉书·外戚传》中讲述汉武帝思念死去的李夫人的故事。其事为："李夫人少而早卒……上（武帝）思念李夫人不已，方士齐人少翁言能致其神。乃夜张灯烛，设帷帐，陈酒肉，而令上居他帐，遥望见好女如李夫人之貌，还幄坐而步。又不得就视，上愈益相思悲感，为作诗曰：'是邪，非邪？立而望之，偏何姗姗其来迟！'令乐府诸音家弦歌之。"

于是有歌谣唱道："环佩姗姗连步稳，帐前活见李夫人。"传唱的便是两千多年前的爱情故事。故事中汉武帝爱妃李夫人染疾故去，武帝思念心切神情恍惚，终日不理朝政。大臣李少翁一日出门，路遇孩童手拿布娃娃玩

要，影子倒映于地，栩栩如生。李少翁心中一动，用棉帛裁成李夫人影像，涂上色彩，并在手脚处装上木杆。入夜围方帷，张灯烛，恭请皇帝端坐帐中观看。武帝看罢龙颜大悦，从此爱不释手。

亲爱的读者，通过前面的学习我们对皮影戏有了较为全面的了解，就让我们插上想象的翅膀，创作出独属于你的皮影剧吧！

要求

1. 以8～10人为一组，选取5～8个皮影人物。

2. 以生活事件、神话故事、小说等为蓝本，创作一个5分钟的皮影剧本。

小孩小孩你别馋，过了腊八就是年。

贴窗花，点鞭炮，回家过年齐欢笑。

摇啊摇，看花灯，我们一起闹元宵。

清明节，雨纷纷，大地开始冒春苗。

赛龙舟，过端午，粽子艾香满堂飘。

七夕节，盼今朝，牛郎织女会鹊桥。

过中秋，蟹儿肥，十五月圆当空照。

重阳节，要敬老，转眼又是新春到。

——老北京民谣

传统节日一般源于四季自然气候变化与农事活动，实质上是围绕祈求丰收与庆丰收这两大主题展开的。人们在特定的季节从事特定的生产活动，也就有了特定的节日。流行至今的清明节、端午节、中秋节、春节等，都是来源于农作物春种、夏耕、秋收、冬藏的生长规律。

中国农历年的岁首称为春节，是中华民族最隆重的传统节日，也是象征团圆、兴旺，对未来寄托新的希望的佳节。据记载，中华民族过春节已有四千多年的历史。

关于春节的起源有多种说法，其中被普遍接受的说法是它在虞舜时即已出现。公元前两千多年的一天，舜即天子位，他带领部下人员祭拜天地，从此，人们就把这一天当作岁首。据说这就是农历新年的由来，后来叫春节。

还有另外一种说法："年"是汉族民间传说中的凶兽，它头长尖角，凶猛异常。"年"兽长年深居海底，每到除夕便爬上岸来吞食牲畜、伤害人命。因此，除夕这天，村村寨寨的人们扶老携幼，都逃往深山，以躲避"年"的伤害。有一年除夕，乡亲们像往年一样忙着收拾东西准备逃往深山。这时村东头来了一个白发老人，他对乡亲们说他能将"年"兽驱赶走，大家都不敢相信。半夜时分，"年"兽闯进村，它发现村里气氛与往年不同：家家户户门贴大红纸，屋内烛火通明，"年"兽浑身一抖，怪叫了一声，转身往外跑。将近门口时，院内突然传来"砰砰啪啪"的炸响声，"年"兽浑身战栗，再也不敢往前凑了。白发老人见了，哈哈大笑。原来，"年"最怕红色、火光和炸响。

从此每年除夕，家家贴红对联、燃放爆竹；户户烛火通明、守更待岁。

每年农历七月十五为"中元节"，也称"鬼节"。"中元"之名起于北

魏，是道教的说法。

七月十五又是佛教的盂兰盆节。

图1-4-1　鬼　节
（图片来源于网络）

由于儒、释、道三教合流的日趋明显，民间将佛教的"盂兰盆会"与道教的"中元地官节"及中国传统对祖先的崇拜融合在一起，形成了在民间影响最大的"鬼节"（见图1-4-1）。

中元节文化虽与祭祀相关，但是从中元节的传说来看，可以深切体认到中元节祭祀的重要意义还是在于孝，在于阐扬怀念祖先的孝道和发扬推己及人、乐善好施的义举。

农历七月初七的夜晚，天气凉爽，草木飘香，这就是人们俗称的七夕节，也有人称之为"乞巧节"或"女儿节"，是中国传统节日中最具浪漫色彩的一个节日。

在晴朗的夏秋之夜，天上繁星闪耀，一道白茫茫的银河横贯南北，在河的东西两岸，各有一颗闪亮的星星，隔河相望，遥遥相对，那就是牵牛星和织女星。七夕坐看牵牛、织女星，是民间的习俗。每年的这个夜晚，天上的织女与牛郎都会在鹊桥相会。因为织女是一个美丽聪明、心灵手巧的仙女，凡间的妇女便在这一天晚上向她乞求智慧和巧艺，也会向她求赐美满姻缘，所以七月初七也被称为乞巧节。

传说，天上的织女和人间的牛郎本是一对恩爱夫妻。他们男耕女织，过着幸福的日子。不想，此事被王母娘娘知道了，她觉得织女私自下凡，违反了天条，于是就带领天兵天将到人间捉拿织女。天兵天将抓住织女后，腾云驾雾，向天上飞去。可牛郎哪里肯放，就在织女的后面紧紧追赶。眼看牛郎快追上来了，情急之中，王母娘娘拔下头上的簪子，在牛郎、织女的中间划了一道线，这道线马上变成了一条大河，河面越来越宽阔，波涛澎湃。牛郎、织女就这样被隔在天河的两岸，王母娘娘就是要让他们永远见不到面。为了帮助他们，每年的七月初七，喜鹊们成群结队地飞往天河边，用自己的身躯架起了一座鹊桥，让牛郎、织女在鹊桥上相会。

民间还有一种说法，说七夕晚上，天上没有天河，因为天河被喜鹊的精神感动，为了让牛郎织女相会，这一天，天河回娘家了。

七夕是牛郎织女一年中最快活的一天，他们说着许多说不完的情话。如果你在那天坐在葡萄架下，或许就能听到他们窃窃私语的声音。

在漫漫的历史长河中，有许多文人雅士、诗人墨客（见图1-4-2）以传统节日为题写就千古名篇。在民间，老百姓也以口口相传的形式留下了一个个广为传诵的奇闻趣事。这些诗句和故事使我国的传统节日映现出深厚的文化底蕴。

元 日

（宋）王安石

爆竹声中一岁除，
春风送暖入屠苏。
千门万户曈曈日，
总把新桃换旧符。

图1-4-2　春节嬉戏图

请搜集几首描写春节、清明节、中秋节等传统节日的古诗，并说出诗句中蕴含的节日风俗。

2 艺术

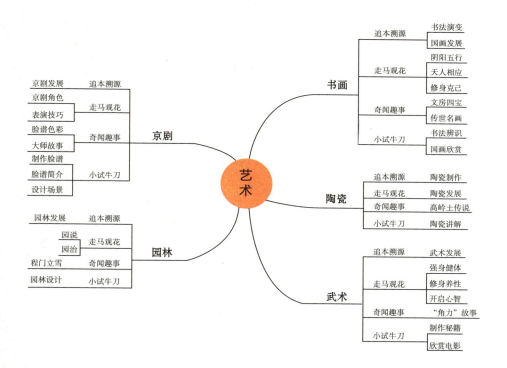

中华艺术远流长，博大精深魅力广。

书画同源体相异，比翼双飞耀华夏。

陶瓷技艺由来古，雅俗共赏光色殊。

京剧奇葩天下秀，字正腔圆韵味香。

强身健体当武术，刀枪剑戟难枚举。

园林隔断市语哗，幽栖绝似野人家。

（文字来源于网络）

秀石疏林图（自题）

（元）赵孟頫

石如飞白木如籀，

写竹还应八法通。

若也有人能会此，

须知书画本来同。

《秀石疏林图》（自题）是元代大画家兼书法家赵孟頫在一幅流传至今的名画上所题之诗。一句"须知书画本来同"道出了书画同质而异体的特点。为什么会有这样的认识呢？这还要从书法与绘画的起源上说起。

自文明产生之日起，人们便不可避免地产生了对事物记载的需要。随着人类社会的不断发展，社会生活的不断复杂化，人们从最初的结绳记事逐步发展为以图记事，并最终导致了文字的产生。作为最古老的文字种类，甲骨文无疑是从最原始的图画发展成的一种具有高度概括力的记事符号。所以在商周时代流传下来的甲骨文（见图2-1-1）和金文（见图2-1-2）中，我们就会发现有大量图画文字存在。

图2-1-1　甲骨文

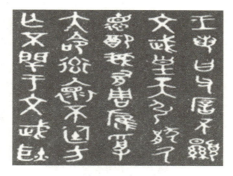

图2-1-2　金　文

随着人们对客观事物的观察能力、思维能力和表现能力的发展，这些图画文字逐渐由图案化的形象符号演变为由线条构成的文字，并在此基础上产

生了神奇瑰丽的书法艺术。如果说五千年前的甲骨文是书法艺术的初现，那从文字产生到形成文字的书写体系，社会文化的几经变革创造了多种体式的书写艺术，形成了一种独特的书法艺术脉络（见图2-1-3）。

甲骨文—金文—篆书—隶书—楷书—草书—行书

古文字系统　　　　今文字系统

图2-1-3　书法艺术脉络图

一、小篆

秦统一全国后，为了方便政治、经济、文化的交流，便将各国纷杂的文字统一为"秦篆"（见图2-1-4），以区别于以前的大篆，又称小篆。

图2-1-4　李斯《峄山石刻》

二、隶书

到了秦末汉初这一时期，各地交流日见频繁，而小篆书写较慢，不能满足需要，隶书（见图2-1-5）便在这种情况下产生了。这时笔墨纸都已出现，对书法的独立创作起到了积极的推动作用。

图2-1-5　汉隶《曹全碑》

三、楷书

楷书始于东汉，至魏晋成熟，唐代达到鼎盛。其笔画详备，结构严整，以欧阳询、颜真卿、柳公权、赵孟頫为代表，亦被称为"楷书四大家"。

相传唐太宗避暑九成宫，乏水，以杖捣地，得水而甘，凿而成泉，因名醴。太宗大悦，遂命魏征撰文记录此事，又命欧阳询书丹勒石（见图2-1-6）。因此这个作品是欧阳询应诏所作。它笔笔具法则，字字应规矩，历来被推崇为学书之正途，初学之典范。

图2-1-6 欧阳询《九成宫醴泉铭》

《颜氏家庙碑》（见图2-1-7）是颜真卿七十一岁高龄所书，具有五大特点。

大——气魄大；
重——力重；
朴——质朴；
厚——韵厚；
严——神严。

图2-1-7 颜真卿《颜氏家庙碑》

柳公权的书法结构紧密，笔法锐利，筋骨显露。《玄秘塔碑》（见图2-1-8）正是其代表作，现存于陕西西安的碑林。

图2-1-8　柳公权《玄秘塔碑》

在赵孟頫众多传世作品中，晚年作品最能代表赵氏书风，其中楷、行为最，楷书中又以《胆巴碑》（见图2-1-9）最为精彩。《胆巴碑》书法字体秀美，法度谨严，神采焕发。细观其用笔，可谓意在笔先，笔到法随，起笔收锋，转折顿挫，皆具筋骨。

图2-1-9　赵孟頫楷书《胆巴碑》

四、草书

草书始于汉初、东晋，成熟于王羲之、王献之，笔画简约，勾连不断，线条流畅，任情纵性。草书虽然实用性不大，但具有极高的审美价值。唐朝的张旭、怀素（见图2-1-10、图2-1-11）将其推向顶峰。

图2-1-10　张旭草书《肚痛贴》

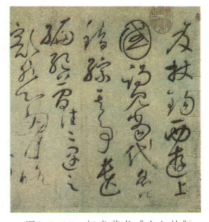

图2-1-11　怀素草书《自叙帖》

五、行书

行书始于东汉，西晋成熟，兼具楷书的规矩和草书的放纵，王羲之《兰亭序》（见图2-1-12）堪称行书一绝。

图2-1-12　天下第一行书——《兰亭序》

　　总之，书法作为线条艺术，其在书写中与笔、墨、纸、砚相得益彰，是中国人民勤劳智慧的结晶，是举世公认的艺术奇葩。而与书法相对应的绘画艺术由于有了独有的笔墨等工具材料的助力，也在漫长的历史长河中形成了一种区别于西洋画的中国传统绘画样式。中国画又称国画，工具和材料有毛笔、墨、国画颜料、宣纸、绢等，题材可分为人物（见图2-1-13）、山水（见图2-1-14）等，技法可分为工笔和写意，它的精神内核是"笔墨"。

图2-1-13　古代仕女图

图2-1-14　古代山水图

魏晋南北朝时期玄学盛行，文人崇尚飘逸通脱，画史、画论等著作开始出现，山水画、花鸟画开始萌芽，这个时期的绘画注重精神状态的刻画及气质的表现，以文学为题材的绘画日趋流行。其中以顾恺之的人物画（见图2-1-15）最为显著。

顾恺之（346—407），东晋杰出画家、绘画理论家、诗人，江苏无锡人。人称"三绝"，即"才绝、画绝、痴绝"。绘画创作以人物、道释、肖像为主，与曹不兴、陆探微、张僧繇合称"六朝四大家"。

图2-1-15　东晋顾恺之《女史箴图》唐人摹本

隋唐时国家统一，社会相对稳定，经济比较繁荣，对外交流活跃，给绘画艺术注入了新的血液，在人物画方面虽然佛教壁画中西域画风仍在流行，但吴道子、周昉等人的具有鲜明中原画风的作品占了绝对优势，民族风格日益成熟，展子虔、李思训、王维、张璪等人的山水画、花鸟画工整富丽，取得了较高的成就。

吴道子被画界尊称为"画圣"。其山水画（见图2-1-16）行笔纵放，风格肆纵豪放、气势磅礴，注重线条，并充分运用笔线体现"疏体"风格，描绘有骨气的写意山水。

图2-1-16 吴道子山水画

王维，字摩诘，号摩诘居士，山西运城人。他参禅悟理，学庄信道，精通诗、书、画（见图2-1-17）、音乐等，以诗盛名，与孟浩然合称"王孟"，有"诗佛"之称。书画特臻其妙，后人推其为南宗山水画之祖。

图2-1-17 王维《伏生授经》

五代两宋之后，中国绘画艺术进一步成熟完备，出现了一个鼎盛时期。文人学士亦把绘画视作雅事并提出了鲜明的审美标准，山水画成绩斐然，南北两种画风正式确立。画家注意对生活的深入观察体验，艺术上倡导写实，具有精密不苟、严谨认真的精神，但在创作中又注重提炼取舍，要求形神兼备，把工笔重彩技巧推向高峰（见图2-1-18、图2-1-19、图2-1-20）。故画家辈出，佳作纷呈。

图2-1-18　顾闳中《韩熙载夜宴图》

图2-1-19　荆浩《匡庐图》　　　图2-1-20　关仝《关山行旅图》

绘画发展至元（见图2-1-21）、明、清，文人画得到了突出的发展。在题材上，山水画、花鸟画占据了绝对的地位。文人画强调抒发主观情绪，"不求形似""无求于世"，不趋附大众审美要求，借绘画以示高雅，表现闲情逸趣，倡导"师造化""法心源"，强调人品画品的统一，并且注重将笔墨情趣与诗、书、印有机融为一体，形成了独特的绘画样式，涌现出众多的杰出画家、画派，以及难以数计的优秀作品。

图2-1-21　赵孟頫《鹊华秋色图》

传统文化是指中华民族共有的、以儒家思想文化为基线的、涵括其他各种不同思想文化内容的有机构成体系，而中国书画艺术是经过漫长的历史和文化演进而逐渐形成的，有其几千年的文明脉络和人文认知，其所蕴藏的文化内涵已成为中国人文化基因的重要组成部分，并深入每个中国人的内心，滋养我们的精神。

一、阴阳五行

"阴阳五行"思想蕴含着极为丰富和生动的朴素辩证法。这个思想渗透到中国文化的各个领域，书画艺术也不例外。如书法艺术要求创造者处理好黑白、虚实、大小、粗细、浓淡、枯润、方圆、奇正、刚柔等的关系，

达到和谐共融；传统的书法理论也讲"计白当黑"，"黑处是字，白处也是字"，这正是阴阳相生相成的表现（见图2-1-22）。

图2-1-22　太极图

这一点在国画艺术中亦有体现。中国画由汉唐发展至宋元，文人画之高妙正在于画中之虚白处，画面空灵境界的营造，又全在于精湛的笔墨运用。

除此之外，书画艺术也讲究"五行"（见图2-1-23）。"五行"本指金木水火土五种物质，古人认为"五行"的相互作用应该有序有度，即"五行制衡"。表现在书画上即处理好创作中各种因素的关系。例如，书画家从整体上说，有五种素质最重要，即品性、学识、智慧、功夫、情趣，五种因素要和谐相生，平衡发展。

图2-1-23　五行图

（图片来源于网络）

二、天人相应

书法艺术讲究"通自然，得天趣"，要求"天真馨露"，即充分表现真性真情，反对矫揉造作，甚至要求"不落斧凿痕迹"，达到"天造地设"那种自然的程度。例如，王羲之《兰亭序》和颜真卿《祭侄文稿》分别被评为天下第一、第二行书作品即是真性情的自然表现。

国画艺术也讲究天人相应，即讲究"天时、地利、人和"。比如，依据题材，中国画分为三类：人物画所表现的是人类社会，人与人的关系；山水画所表现的是人与自然的关系，将人与自然融为一体；花鸟画则表现大自然的各种生命，与人和谐相处。

三、修身克己

修身克己（见图2-1-24）是中国传统文化在对待自身上的要求。渗透到书画艺术中，则形成了两个重要观念：一是通过提升人品来提高书品画品；二是只有苦练才能具有真功夫。二者兼具，心品高艺自高。

图2-1-24　当代名家书法作品
（图片来源于网络）

总之，中华书画艺术作为传统文化宝库中两宗价值巨大的宝藏，为中国传统文化提供了富有活力的精神因素，在中国传统文化的发展中具有非常积极的意义。因此，无论是学习中国书法还是学习绘画艺术，必须要有较为深厚的传统文化修养，也要对传统文化有比较深刻而全面的认识，这样才能切切实实地感受、理解、把握、再现中国书画艺术的精髓和奥妙。

文房四宝（见图2-1-25）指的是笔墨纸砚。

一、文房四宝——宝纸

宝纸，以明清时期所制者最为讲究，如用作书写、装帧、印刷的笺纸，是由宣纸加工而成的工艺美纸，品种多样。唯瓷青纸更与众不同，其加工特殊，后世不能完全仿制，可谓稀珍。

图2-1-25　文房四宝

传世实物有明成化七年（1471）《观世音菩萨普门品册》，纸上绘观音变相故事，以罕有的连环图形式表现，更增其历史价值。此纸现藏安徽省博物馆。

二、文房四宝——宝笔

可称为宝笔的，不但要材质优良，如精工的毫料、上等的笔管；还要有考究的雕工装饰。以笔管看，有象牙、青花彩瓷、雕漆、彩绘、珐琅、乌木、紫檀等，且镶金嵌玉、刻书雕画，它不但实用，也是精美的艺术品。在各地博物馆收藏的明、清两代的毛笔琳琅满目，都是中国文化的优良结晶。

三、文房四宝——宝墨

宝墨，为中国书画必备。在汉代前后，人们仅是为了实用，并不讲求造型款式。后来由于人们喜好墨，特别是墨模发明了之后，墨的造型款式有了很大的发展。到了明、清两代，可以说花样百出，集诗歌、书画、雕刻为一体，成为高雅的艺术品。当然，宝墨不但要品相好，也要质量够硬。

如明代程君房《百牛图》墨便是。程君房是明代首屈一指的制墨名家，著有《程氏墨苑》。此墨图为明代著名画家丁云鹏所绘，百牛体态生动，神形具备；模刻技艺精湛，在中国版画史上亦具有相当地位。故为墨中精品。此墨现藏安徽省博物馆。

四、文房四宝——宝砚

宝砚兼具实用与收藏价值。砚石绝佳是先决条件，雕刻精美，尤其是制砚名家的精工巧作，可使砚石身价百倍，若再加上名人的题诗题铭，更加生辉增色。

例如，明代的《兰亭修禊图》（见图2-1-26）洮河石砚，色碧绿，石质细润。砚面平直，砚首雕亭内文士案上作文，将砚堂处理为亭下的池塘、山石；四侧平雕《兰亭修禊图》；砚背刻王羲之《兰亭序》全文；雕工精细，匠心独运，可谓融文、书、画为一体；再加上洮河石在宋代乃四大名砚之一，使此砚更显珍贵。此砚现藏安徽省博物馆。

图2-1-26 《兰亭修禊图》

书画是中华艺术园地中的两朵奇葩，传承祖国优秀文化是每一个中国人的责任。某班开展与书画艺术有关的一系列活动，请你参与活动并完成以下内容。

火眼金睛

1. 欣赏下面两幅书法作品，请用楷书把作品内容准确地抄写在相应的横线上。

图2-1-27 ＿＿＿＿＿＿
（图片来源于网络）

图2-1-28 ＿＿＿＿＿＿
（图片来源于网络）

2.下面三幅画分别是近现代著名国画大师齐白石、徐悲鸿和李苦禅的代表作品。请任选一幅画作，了解并讲述画作背后的故事。

图2-1-29　齐白石虾图
（图片来源于网络）

图2-1-30　徐悲鸿马图
（图片来源于网络）

图2-1-31　李苦禅鹰图
（图片来源于网络）

游景德镇

（现代）谢觉哉

昌南自昔号瓷都，中外驰名誉允孚。

青白釉传色泽美，方圆形似器容珠。

艺精雕塑神如活，绘胜描摹采欲敷。

技术革新求实用，共同跃进是前途。

18世纪以前，欧洲人不会制造瓷器，所以中国特别是昌南镇（今景德镇）的精美瓷器很受欢迎。在欧洲，昌南镇瓷器是十分受人珍爱的贵重物品。欧洲人就以"昌南"作为瓷器（china）和生产瓷器的"中国"（China）的代称，久而久之，欧洲人就把昌南的本义忘却了，只记得它是"瓷器"，即"中国"。

陶瓷的制作过程如下。

一、淘泥

高岭土是烧制瓷器的最佳原料，千百年来，多少精品陶瓷都是从这些不起眼的瓷土演变而来。制瓷的第一道工序——淘泥，就是把瓷土淘成可用的瓷泥。

二、揉泥

揉泥（见图2-2-1）即排空泥料中的气泡，使泥料进一步紧致。缺少这道工序，则容易使坯体中含有气泡，坯体干燥烧制时容易破裂变形。

图2-2-1　揉　泥

三、拉坯

拉坯（见图2-2-2）即将揉好的瓷泥放入大转盘内，通过旋转转盘，用手和拉坯工具将瓷泥拉成瓷坯。

图2-2-2　拉　坯

四、印模

印坯拉好的瓷坯只是一个雏形，还要根据要做的形状选取不同的印模将瓷坯印成各种不同的形状。

五、修坯

刚印好的毛坯厚薄不均，需要通过修坯（见图2-2-3）这一工序将印好的坯修刮整齐、匀称。

图2-2-3　修　坯

六、捺水

捺水是一道必不可少的工序，即用清水洗去坯上的尘土，为接下来的画坯、上釉等工序做好准备。

七、画坯

在坯上作画是陶瓷艺术的一大特色。画坯（见图2-2-4）有好多种，有写意的，有贴好画纸勾画的，无论怎样，画坯都是陶瓷工序的点睛之笔。

图2-2-4 画 坯

八、上釉

画好的瓷坯，粗糙又呆涩，上好釉后则全然不同，光滑又明亮：不同的上釉方法，又有全然不同的效果，常用的上釉方法有浸釉、淋釉、荡釉、喷釉、刷釉等。

九、烧窑

千年窑火，延绵不息。所谓烧窑（见图2-2-5）是指经过数十道工序精雕细琢的瓷坯，在窑内经受千度高温的烧炼，方可出炉。现在有气窑、电窑（加热方法）等。

图2-2-5 烧窑

十、成瓷

经过几天的烧炼，窑内的瓷坯已变成了件件精美的瓷器而面世。

一、原始陶器

半坡文化的彩陶纹饰以几何形和自然形两种为主。如图2-2-6中彩陶由抽象化的鸟形变化而成，黑白相间、阴阳双关、疏密有致，律动的弧线显示出蓬勃的活力。

图2-2-6 半坡陶器

二、夏商周时期

夏商周时期的陶器表面有素面、绳纹或蓝纹等各种复杂图案，还有运用拍、刻、印、堆、划等手法留下的肌理效果。

三、秦汉时期

在秦始皇陵东侧出土的大量与真人等大的陶制兵马俑，从中可以看出当时的烧陶水平。制作精湛，神态各异，造型生动，工艺成熟，几乎没有变形、开裂的。

图2-2-7　秦代兵马俑

四、隋唐时期

隋朝的陶瓷业发达，是一个承上（南北朝）启下（唐代）的过渡时期。唐代的唐三彩进入达官贵人的生活中，文人墨客把饮茶的陶瓷杯具当作生活品质的象征。

五、宋代

宋代，陶瓷达到了炉火纯青的成熟阶段。最为著名的五大窑有定、汝（见图2-2-8）、官、哥、钧。

图2-2-8　宋代汝窑

六、元代

元釉里红是陶瓷装饰历史上重要发明之一。元代瓷器（见图2-2-9、图2-2-10）明显具有草原民族的独特风格，在瓷器器物器形上又新创烧了许多蒙古族特有的器物类型。此时对外贸易、中西文化交流频繁，开始烧造大量外销瓷。元代大量烧造的青花瓷大多数就是外销到中东众多伊斯兰国家。

图2-2-9　元代钧窑瓷器　　图2-2-10　元代钧窑瓷器

七、明清时期

明清时期生产的瓷器质量高、销路广，其产品以青花（见图2-2-11）、五彩为主流。珐琅彩、粉彩瓷器是清朝瓷器的重大发明。珐琅彩是由国外传入的一种装饰技法。

图2-2-11　清代青花瓷

奇闻趣事

高岭土是一种制作陶瓷的矿物原料，由花岗岩风化而成。这种瓷土矿含铁量低，有害杂质少，可塑性强，与瓷石搭配，烧成后器物坚硬，非常适宜做装饰瓷、高档日用瓷。

关于高岭土，在当地流传着一个故事。说是很久以前，高岭村有一户高姓老夫妻，家境贫寒却心地善良。一天，大雪封山，有一位破衣烂衫的白发老人倒在他家门口，高老头急忙把老人家抬进家，把仅有的破被子盖在陌生老人身上，把仅存的一些碎米熬粥给老人喝。老人恢复后对高家夫妻感激地说："人穷心善，黄土变金。我有一颗小玉珠，你把它种在屋后的高岭山上，过三七二十一天，再去挖山取土，这土是制瓷的上等原料，你们可以去集市上卖。"说完，哈哈大笑几声便消失得无影无踪。果然，二十一天后，高岭山上的红壤土真的变成了又白又嫩的玉土。高家夫妻立即和乡亲们将土挖出来制坯试烧，烧制出来的瓷器精美细润。从此，高岭村民改变了以前贫穷的生活，靠贩卖高岭土富裕起来。

小试牛刀

现在请你当"中国陶瓷博物馆"的小小讲解员，从图2-2-12至图2-2-14几种陶瓷中选择一种陶瓷，收集相关的资料，然后进行讲解介绍。

图2-2-12　清代青花把莲纹盘　　图2-2-13　北宋定窑婴儿枕　　图2-2-14　唐代陶三花马

白马篇

（三国）曹 植

白马饰金羁，连翩西北驰。借问谁家子，幽并游侠儿。

少小去乡邑，扬声沙漠垂。宿昔秉良弓，楛矢何参差。

控弦破左的，右发摧月支。仰手接飞猱，俯身散马蹄。

狡捷过猴猿，勇剽若豹螭。边城多警急，虏骑数迁移。

羽檄从北来，厉马登高堤。长驱蹈匈奴，左顾凌鲜卑。

弃身锋刃端，性命安可怀？父母且不顾，何言子与妻！

名编壮士籍，不得中顾私。捐躯赴国难，视死忽如归！

　　武术，一直是中国文化的代名词之一。在外国电影中出现的中国人，大多是会武术的，这已经成为一种固化的印象。在国内，少林、武当、峨眉这些武术门派；太极拳、八卦掌、咏春拳这些武术招式，也都是家喻户晓的。

　　武术在原始社会就已经出现了萌芽。那时我们祖先的生存环境十分恶劣，一方面要躲避众多猛兽的伤害，"人民少而禽兽众，人民不胜禽兽虫蛇"（《韩非子·五蠹》）；另一方面，由于食物匮乏，还需要狩猎弱小的动物来果腹（见图2-3-1、图2-3-2）。因此，人们必须与各种野兽搏斗，在这个过程中，蹦跳躲避、拳打脚踢、挥舞器物等动作，就是武术最早的形式。

图2-3-1　原始狩猎图

图2-3-2　原始斗兽图

后来人类群体逐渐壮大，发展成了一个个部族，各个部族之间争抢地盘、猎物，难免产生部族之间的争斗，之后便出现了战争（见图2-3-3）。武，是拿着武器前进的意思。武术也就是古代的战争技术，人们将与兽搏斗总结出的技巧，用在与对手的对战上，并且不断将其规范化、套路化。

图2-3-3 秦朝战争壁画剪纸
（图片来源于网络）

先秦时期青铜器制作技术的成熟，推动了武器的进一步发展。到了春秋战国，大大小小的国家之间战争频发，出现了许多剑术高手和习武的侠义之人。秦汉时期，人们总结武术高手的技艺，使武术逐渐理论化。两晋、南北朝时期，受到民族大融合的影响，武术又汲取了很多新的养分。隋唐时期，出现了武举人，人们可以通过习武实现自己的政治抱负，这大大提高了民间习武的热情。两宋时期，经济发展，出现了大量的民间习武团体，武术的套路被进一步固定。辽、金、西夏、元时期，少数民族掌权，禁止民间，尤其是汉人练武，阻碍了武术的发展。明清时期，为了抗击外敌，武术再次被重视，出现了许多风格迥异的流派，武术的发展迎来了大繁荣时期。

走马观花

武术虽然源于争斗和战争，但它并不仅仅是一种通过暴力抨击达成目的的手段。它之所以能够延续千年，并且在今日成为中国对外的一张名片，是

因为其中蕴含着更为丰富的内在价值。

武术的基本活动是人体的运动，因此武术最明显的价值就是强身健体。练习武术，能够使肌肉得到拉伸，筋骨得到放松，皮肉得到锻炼，有助于保持良好的体形。同时，由于武术并不是某一个单独部位的锻炼，而需要调动全身，如需要手脚互相配合，同时动作；需要观察对手的动作，来调整自己的动作。因此，武术对人体的灵敏性和协调性也能起到很好的锻炼作用。

武术注重内外合一，对外能够锻炼筋骨，对内能够养护内脏。其与我国古代的养生术有一定的关系，十分注重练武人的气息，通过动作与呼吸的配合，调节人的气息，促进人体的新陈代谢和心血循环。

武术除了能够强身健体，在修身养性方面也有很大的价值。由于武术具有很强的攻击性，如果使用不当、放任发展，最终可能导致害人害己的后果，如我们在武侠电影中常见的走火入魔、失去心智的武者。因此，其在传承中十分注重修习人的德行。以前的武术家在挑选弟子的时候，都要先考验学习者的品行，曾经有过"五不传""十不可"的规定。现在的武术学派也都有各自的规范条例，以此约束学习者。有了这些约束，习武者在锻炼的同时，也会习得尊师重道、勇敢坚定、意志顽强、谦虚谨慎、爱护弱小等美好品质。

除了修养品德，武术还可以帮助开启心智。在练习中，一味苦练，只能收效甚微，无法完全学得精髓，必须综合考虑各方面的条件，通过虚实结合、刚柔相济等辩证思想去判断、吸收。在比武中，取胜往往不能靠蛮力，灵活的头脑才是取胜的关键。失败了，要反思自己的弱点，思考对手的长处；胜利了，要回想自己的优点，避免对手的失误。

现在全世界最流行的打架招式是拳击，但那是古代埃及人先开始流传的。咱们中国人老祖宗不流行拳头互殴，而是近身搏击，讲究的是力气与技巧的结合，角力（也称角抵）就是最早的中国武术。

角力（见图2-3-4），在古代是一门徒手格斗的流行技艺。《礼记》里就有记载："孟冬之月，天子乃命将帅讲武、习射、御、角力。"可见，角力，是和射箭、驾车并列的军事技能。

而在中国古代，有几次著名的"约战"，这几场"约战"也充分验证了中国武术的实战性。

图2-3-4　角 力

第一起发生在晋武帝年间

一个西域胡人大摇大摆来到京城，摆下个角抵的比武场，较量下来，居然百战百胜。《晋书》记载道："有西城健胡，矫健无敌，晋人莫敢与校。"这本是民间之事，但武帝司马炎是个极其好面子的人，闻听此事非常不开心，立即张贴榜文，招募勇士。这就相当于国家要以举国之力，去约架一个外国流氓。一个叫庾东的著名勇士站了出来，应募与胡人较量。结果庾东更厉害，当场"扑杀"了胡人。精通徒手杀人术的庾东因此声名大振，被赏赐做了官。

第二起发生在隋高祖年间

有个西番来朝贡的胡人，名叫大壮，人如其名——体壮如牛。他在长安城的北门，与隋人相扑（隋唐、宋代对角力、角抵的另一个说法），没有敌手。

和司马炎一样，隋高祖杨坚也认为这件事"有伤中华国体"，怒道："大隋国岂无健者？"这时，有大臣向他推荐了一个相扑高手：一个叫法通的和尚。

杨坚马上派人招来了法通，与大壮较量。一番龙争虎斗之后，法通赢了大

壮，轰动了全城，"举朝称庆"。

第三起发生在清朝顺治年间

清代笔记《啸亭杂录》里记载了一个故事：清朝顺治年间，蒙古喀尔喀部的使臣来朝，在理藩院招待的宴会上，使臣带来的蒙古摔跤好手力大无比，与皇帝的侍卫徒手格斗，全部获胜。这时，一个年轻皇族名叫祜塞的忍不住技痒，冒充侍卫入内廷，与这个蒙古好手比试，结果一交手就放倒了对方。顺治皇帝高兴坏了，对祜塞大加赏赐。

亲爱的读者，通过前面的学习，我们对武术这一国粹已经有了一定的了解。中华文化博大精深，有关武术的知识还有很多，需要我们自己去搜寻、去探究，让我们动动手、动动脑，来进行更深一步的学习吧。

1. 寻找一种自己感兴趣的武术流派、技法、招式、武器，寻找相关的内容，制作一篇"秘籍"，对其进行介绍，可以包括：形成历史、发展过程、特点特色、名人故事等内容。让我们一起来当一回武术大师。

2. 和爸爸妈妈一起欣赏相关的武术影视作品，进一步感受武术的魅力。

操琴司鼓奏皮黄，字正腔圆韵味香。

念白抑扬含顿挫，唱腔委婉透激昂。

须生花脸朝靴厚，老旦青衣水袖长。

京剧奇葩天下秀，明朝国粹更辉煌。

——《七律·赞京剧》

（文字来源于网络）

（图片来源于网络）

我们时常会走进博物馆，欣赏不同年代的文物古迹，企图从中窥探历史留下的痕迹。那么走进戏院，观看一出京剧，则可以说是欣赏一件"活的"文物。

"蓝脸的窦尔敦盗御马，红脸的关公战长沙，黄脸的典韦白脸的曹操，黑脸的张飞叫喳喳。"五彩缤纷的京剧脸谱（见图2-4-1）是孩子们对于京剧最初的认知。

图2-4-1　京剧脸谱图

京剧是一种艺术形式，是中国五大戏曲剧种之一。它起源于原始歌舞，是一种历史悠久的综合舞台艺术样式。经过汉、唐到宋、金，才形成比较完整的戏曲艺术。它由文学、音乐、舞蹈、美术、武术、杂技及表演艺术综合而成。

徽剧是京剧的前身。清代乾隆五十五年（1790）起，原在南方演出的三庆、四喜、春台、和春四大徽班陆续进入北京。他们与来自湖北的汉调艺人合作，同时又接受了昆曲、秦腔的部分剧目、曲调和表演方法，吸收了一些地方民间曲调，通过不断地交流、融合，最终形成京剧。京剧形成后在清朝宫廷内开始快速发展，直至民国得到空前的繁荣。

京剧分布地以北京为中心，遍及中国，成为介绍、传播中国传统艺术文化的重要媒介。在2010年11月16日，京剧被列入世界非物质文化遗产代表作名录。

京剧表演来源于生活，是对现实生活的概括化、戏剧化、艺术化的展现。其中的角色类别划分就是一个很好的例子。

京剧中的角色主要分为生（见图2-4-2）、旦（见图2-4-3）、净（见图2-4-4）、丑（见图2-4-5），这是根据社会生活中人们的性别和性格因素划分的。生活中有男性和女性的区别，于是分出生角和旦角；有的人气质豪放、粗枝大叶，有的人谨小慎微、奸巧油滑，于是分出净角和丑角。

在四个主要角色划分中，又考虑了年龄、职业、性格、社会地位等因素，进行了更为细致的划分。

根据年龄划分，有代表男童的娃娃生、年轻男性的小生、中老年男性的老生、老年妇女的老旦。

根据职业划分，有代表年轻文人的纱帽生、年轻习武者的武小生、将军或英雄豪杰的武生、擅长武功的勇武女性的武旦、英勇剽悍的战将或神话传说中的仙佛神魔的武净。

根据性格划分，有代表风流倜傥的多情书生的扇子生、严肃正派的贤妻良母和贞洁烈女的青衣、开朗伶俐的青年女性的花旦、刚正不阿的忠臣的正净、贪财好色的恶霸的鞋皮丑、爽朗豪放的中老年女性的丑婆、愚蠢却总是自作聪明的年轻女性的彩旦。

根据社会地位划分，有代表少年得志的王侯将相的雉尾生、落魄文人的穷生、滑稽小官的袍带丑、下层平民的茶衣丑等。

图2-4-2 生

图2-4-3 旦

图2-4-4 净

图2-4-5 丑

但是，京剧到底是舞台表演，并不同于日常生活，不可能平平淡淡地说话、行走。为了吸引观众，表现出舞台的张力，演员们需要使用特殊的表演技巧来展现人物的性格特点、心理活动、剧情发展、故事内涵。

京剧的表演技巧，可以概括为"唱""念""做""打"。

"唱"就是配合背景音乐，唱出台词。京剧的主要唱腔有西皮和二黄两种，西皮的节奏紧凑，旋律起伏多，听起来有欢快之感；二黄的节奏松散，旋律平缓，听起来沉郁、凝重。除了唱腔外，演员在唱时还要注意发音方式，饰演年纪较大的角色，如老生、老旦，需要用真嗓发音，气息平缓低沉；饰演年轻角色，如花旦、小生，需要用假嗓发音，气息尖细婉转。

"念"就是念出人物的对白。这种念，不同于我们日常说话，更像是朗诵，需要有一定的抑扬顿挫，并且还要把握好度；发音的用力要适当，既表现出人物的情感，又给予观众美的享受。京剧的台词演绎，都是"唱"和"念"相结合，缺少了哪一种，都会使表演变得单调，索然无味。

"做"就是通过简单的舞台动作，表现出不同的生活情景。由于舞台、道具的局限性，表演者无法真实地做出上山、下海、骑马、划船等行为，只能通过象征性的动作来替代。同时，为了便于观众理解，这些动作都有固定的程序，比如：扬起马鞭就代表正在骑马；身体和船桨反方向前后移动就代表正在划船。

"打"就是京剧中的武打表演。这种表演不同于武术表演，反而更接近舞蹈表演。"打"的动作要刚劲有力、流畅利落，具有美感。赤手空拳的搏斗要展现身段的优美和动作的敏捷，使用武器的斗技要表现人物的精神气势和武器的挥舞角度。并且，这些武打动作都要配合人物的"唱""念"，以及乐器的演奏，不是单纯的身手展示。

一、脸谱的色彩

脸谱是最为人们所熟悉的京剧艺术成分，是一种别具特色的艺术形式，

即使是没有看过京剧的人，也会被那些五颜六色的油彩所吸引。但是，京剧脸谱并不只有观赏价值，它们在整个表演中，还起着表现人物性格特征、隐喻褒贬思想、暗示作品内涵的作用。不同色彩的脸谱，各自有着不同的含义。

白色说明人物阴险奸诈，自私自利，空有聪明才智，却不做好事。三国人物曹操（见图2-4-6）就是其中的代表，他"挟天子以令诸侯"，心胸狭窄，自高自大，容不下身边有才华的谋士。

图2-4-6　曹操脸谱

红色表示人物有勇有谋，有忠义侠情。我们熟悉的关公（见图2-4-7）——关羽，就是红色脸谱，他是刘备的五虎将之一，作战英勇，带兵有方，连敌方的曹操都佩服他的本领和为人。

图2-4-7　关羽脸谱

黑色代表人物公正廉洁，铁面无私。著名的"包青天"（见图2-4-8）——包拯，也以黑色脸谱出名，他秉公执法、刚正不阿，对待权贵和平民一视同仁。黑着一张脸，仿佛没有情感，却追求公平和正义。

图2-4-8 包拯脸谱

蓝色暗示人物性情豪迈、桀骜不驯。歌曲《说唱脸谱》中"蓝脸的窦尔敦"描绘的即为这种类型人物。窦尔敦（见图2-4-9）是一个绿林好汉的首领，他啸聚山林，广结各方英雄。他在京剧中就以蓝色脸谱出现。

图2-4-9 窦尔敦脸谱

黄色暗示人物凶悍残暴、剽悍善战。曹操的校尉典韦（见图2-4-10），是京剧中常常出现的黄色脸谱人物。他曾因私杀人，连仇人的家眷也不放过，极其残忍；但他又勇武无比，为保护曹操，率领十几人抵挡远超己方数倍的叛军。

图2-4-10 典韦脸谱

紫色表明人物肃穆稳重，刚正威严，富有正义感。战国时期的刺客专诸（见图2-4-11）的脸谱就是紫色的。他是一位敢于赴难的勇士，他为了帮助王位被夺的公子光，冒着重重危险刺杀吴王僚。

图2-4-11　专诸脸谱

绿色意味着人物英勇过人，鲁莽暴躁，有武将，也有占山为王的草寇类人物。俗语"半路杀出个程咬金"中提到的程咬金（见图2-4-12），就是绿色脸谱的人物之一。他曾领导农民起义，后归顺唐朝，帮助朝廷平定突厥，战功赫赫。他做事鲁莽耿直，曾以死劝谏太宗出兵。

图2-4-12　程咬金脸谱

金色是神、佛、鬼怪的代表色，象征着虚幻、奇异。演绎《西游记》故事的京剧中的神、佛、妖怪，就多为金色脸谱（见图2-4-13）。

图2-4-13　二郎神脸谱

二、京剧大师机智应对"舞台事故"

谭鑫培是"老生后三杰"之一，也被称为"伶界大王"，其所创的谭派是京剧史上影响最大的老生流派。谭先生有一次接连演出，过于疲劳，在上台前打起了盹，直到出场的锣鼓声响起才惊醒。他急忙上台亮相，但是匆忙间忘记了戴上乌纱帽，台下顿时响起一片起哄喝倒彩的声音。面对这样尴尬的场面，谭先生并没有紧张慌乱。他从容地说了一句："国事乱如麻，忘却戴乌纱。"便下台重整衣冠。观众们都为他的机智和冷静所折服，喝倒彩的声音纷纷变为叫好声。

谭富英是谭鑫培的后人，也是"四大须生"之一，他的表演酣畅淋漓、朴实大方。有一次他演绎家人被楚王所害、只身一人过昭关的伍子胥。这是一个伤心欲绝的老生形象，有一句这样的唱词："过了一天又一天，心中好似滚油煎，腰间空悬三尺剑，不能报却父母冤。"配合这个唱段，表演者腰间需要挂一把剑。然而谭富英先生表演时，腰间错带了一把刀，他一上台，观众们都发现错误，笑了起来。幸好他反应迅速、功底扎实，临场改了唱词："过了一朝又一朝，心中好似滚油浇，父母冤仇不能报，腰间空悬雁翎刀。"观众们都以为这是他提前对唱段做的创新，纷纷鼓起掌来。

被誉为"武生宗师"的杨小楼，是京剧界的代表人物之一，与梅兰芳、余叔岩并称"三贤"。他有一次在北京表演京剧《青石山》时，扮演关平，有一段戏是关平与周仓对戏。扮演周仓的搭档一时疏忽，上台时竟忘记戴髯口（作道具用的胡子）。杨小楼急中生智，临时加了一段台词："呔！面前站的何人？"搭档一开始不明所以，一边回答"俺是周仓……"，一边作势要去捋胡子，这时他立刻发现自己遗漏了道具，便也灵机一动，接了一句："……的儿子。"杨小楼赶紧说："咳，要你无用，赶紧下去，唤你爹爹前来！""领法旨！"搭档得到了机会，立刻下台戴好髯口，重新上台。

梅兰芳是"四大名旦"之一，正是他将京剧介绍到国外，使得我国的艺术瑰宝在世界范围内广为流传。他有一次出演《断桥》，饰演白娘子的角色。在演到白娘子初遇许仙时，为了表现她的害羞，需要将许仙推开。梅兰芳一时没控制好力度，饰演搭档的许仙直接向后倒去，他一着急，立刻又伸手拉住搭档，可这样一个动作会完全破坏这一段戏的韵味，破坏白娘子这一人物形象。他灵机一动，又轻轻推开了许仙，表现出了白娘子的矛盾心理，既喜欢许仙，又要保持女子的矜持，使得这一人物形象更加生动，反倒比原剧的处理更令人称赞。他就这样靠着自己的机智和迅速反应，将一次失误变为了创新。

亲爱的读者，在学习完了前面有关京剧的知识和趣闻后，大家是否对我国这一国粹有了一定的认识呢？让我们任选其一来动动手、动动脑，检验一下自己吧。

要求

1. 选取一个自己喜欢的书中人物，联系他/她的相貌、性格、背景等因素，创作一个脸谱。

2. 为这个脸谱写一段简短的介绍，包括故事背景、人物特点。

3. 挑选一个该人物出现的场景，为其设计一下动作、语言。

蝶恋花

（宋）王 诜

小雨初晴回晚照。金翠楼台，倒影芙蓉沼。

杨柳垂垂风袅袅，嫩荷无数青钿小。

似此园林无限好。流落归来，到了心情少。

坐到黄昏人悄悄，更应添得朱颜老。

我国造园最早开始于商周时期，当时称之为"囿"，就是把自然景色优美的地方圈起来，放养飞禽鸟兽，供帝王狩猎，所以也称游囿。天子、诸侯都有囿，只是范围和规格等级上的差别，故有"天子百里，诸侯四十"之说。这种最早期的"囿"到汉代有了新的发展，逐渐专门化。帝王们增添了寝宫殿宇的生活设施，还配置了观赏植物、人工山水等景色，初步具有了"园林"性质。

经过自然发展，我国古典园林由唐宋进入了形成时期。疆域的扩大、经济的发达、民族的融合促进了文化艺术的发展。官僚及文人墨客开始自建园林，将诗与画融入园林的布局与造景中，同时大量运用体现自然美的造园技巧，如叠石、堆山、理水等。而到了明清时期，则进入了中国古典园林的全盛时期。无论是江南的私家园林还是北方的帝王宫苑，都充分体现着中国古代园林的独特风格和高超的造园艺术。

一、园说

图2-5-1　北京颐和园

中国园林是由建筑、山水、花木等组合而成的一个综合艺术品，极富诗情画意。中国园林主要分为四类，即皇家园林、文人园林、寺庙园林、邑郊风景园林。现存最完整的皇家园林有北京颐和园（见图2-5-1、图2-5-2）和承德避暑山庄。

图2-5-2　石舫图

明清时期文人园林发展到鼎盛时期，而苏州园林（见图2-5-3）则是其中颇具代表性的文人园林，无论是庭院一隅还是流水假山无不体现着文人志士的高雅情趣。

图2-5-3　苏州园林

二、园治

1. 虽由人作，宛自天开

计成在《园说》中提出了"虽由人作，宛自天开"的观点，认为园林虽然是人工建造而成，但景色应如天然形成一般。这是造园理论的核心和宗旨，也是对中国古典园林审美思想的精辟总结。与外国园林相比，师法自然、崇尚自然是中国古典园林最为本质的特征，既有"天人合一"的哲学观念，又有文人崇尚自然美学的思想。

2. 巧于因借，精在体宜

古代造园师注重因地造园，他们会根据自然条件和地理状况来规划园林，充分发挥地域和文化特色，使人文和自然有机结合。空间上通过远借、仰借、俯借将内外、远近、高低的景物融为一体，而"应时而借"则从时间上将春夏秋冬贯（见图2-5-4、图2-5-5、图2-5-6、图2-5-7）穿起来，通过不同的植物展现园林四季风景。

图2-5-4　春景图

图2-5-5　夏景图

图2-5-6　秋景图

图2-5-7　冬景图

3. 林园尊雅，畅神怡情

中国园林的审美品格是"雅"。简朴易做的栏杆，变化万千的窗洞（见图2-5-8），饶有趣味的墙垣，无不体现着当时文人雅士在园中的高雅生活，力图造出可游可居、可行可望、畅神怡情的理想人居环境。

图2-5-8　园林一隅

　　苏州园林有着悠久的历史、深邃的文化积淀，我们可以在其中挖掘和感受到许多历史典故的元素，体味这些典故给我们带来的隽永韵味。

　　建于元代的古典名园狮子林中有个著名的景点叫作立雪堂，这一名字便源于典故——程门立雪。"北宋二程"之一的程颐是著名的理学家和思想家，24岁时便在开封收徒讲学。有一次，他的学生杨时和游酢去程府拜访并求教老师。当时正逢隆冬时节，只见程颐正在厅堂内闭目养神，其实是佯睡观察。两位弟子见此情形，悄然退出，在院中静候。不料天降大雪，两人冒雪在门口等了好长时间。等程颐睁开眼睛时，只见那大雪已经没过了二人的脚背。

　　亲爱的读者，通过前面四个部分的学习，我们对中国古典园林有了较为初步的了解。接下来就让我们插上想象的翅膀，用我们灵活的双手打造专属于华南实验的园林一隅吧！

图2-5-9 古建筑模型

要求

1. 8～10人为一组，选取学校的一处设计园林一隅。

2. 画出设计图纸，并标明具体的建筑名称，同时注明设计意图。

3. 使用环保材料，如报纸、废旧纸板、雪糕棒等，根据设计图纸搭建园林模型（参照图2-5-9）。

3 饮食文化

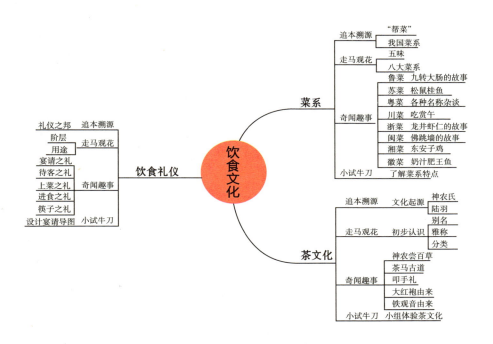

每到时节佳，最是起相思。

美酒为我饮，美食为我餐。

一一俱上心，相欢不知老。

（文字来源于网络）

蔬食戏书（节选）

（宋）陆 游

新津韭黄天下无，

色如鹅黄三尺余。

东门彘肉更奇绝，

肥美不减胡羊酥。

　　菜系，也称"帮菜"，是指在选料、切配、烹饪等技艺方面，经长期演变而自成体系，具有鲜明的地方风味特色，并为社会所公认的菜肴流派。

　　我国的菜系，是指在一定区域内，由于气候、地理、历史、物产及饮食风俗的不同，经过漫长的历史演变而形成的一整套自成体系的烹饪技艺和风味，并被全国各地所承认的地方菜肴。

　　五味指酸、甜、苦、辣、咸五种味道，中国菜讲究的是五味的调和，很少菜品是单一味道的，更多是复合味，如鱼香、甜酸等。

　　早在春秋战国时期，中国传统饮食文化中南北菜肴风味就表现出差异。到唐宋时，南食、北食各自形成体系。发展到清代初期，鲁菜、苏菜、粤菜、川菜成为当时最有影响的地方菜，被称作"四大菜系"。到清末，浙菜、闽菜、湘菜、徽菜四大新地方菜系分化形成，共同构成中国传统饮食文化中的"八大菜系"。

一、鲁菜

　　山东菜系又简称鲁菜（见图3-1-1），由齐鲁、胶辽、孔府三种风味组成。是宫廷最大菜系。山东是中国古文化发祥地之一。地处黄河下游，气候温和，胶东半岛突出于渤海和黄海之间。境内山川纵横，河湖交错，沃野千里，物产丰富，文化发达，号称"世界三大菜园"之一，如胶州大白菜、章

丘大葱、苍山大蒜、莱芜生姜都蜚声海内外。

图3-1-1　鲁菜

图3-1-2　鲁系特色菜

九转大肠的故事

此菜是清朝光绪初年，由济南九华楼首创。此楼烧制的大肠下料狠，用料全，先煮熟焯过，后炸，再烧，出勺入锅反复多次，直到烧煨至熟。有一次九华楼店主杜某请客，席间有一道烧大肠，品味后客人们纷纷称道，有说甜，有说酸，有说辣，有说咸，座中有一文人提议，为答谢主人盛意，赠名为"九转大肠"（见图3-1-2），赞美厨师技艺高超和制作此菜用料齐全、工序复杂、口味多变的特点。此菜色泽红润，大肠软嫩，兼有酸、甜、香、辣、咸五味，为山东的传统风味菜。

二、苏菜

江苏菜系。江苏菜系在烹饪学术上一般称为"苏菜"（见图3-1-3），而在一般餐馆，常常会被称为"淮扬菜"。是宫廷第二大菜系。

图3-1-3 苏 菜

东坡肉这道菜的由来，可谓妇孺皆知。东坡肉的发源地是江苏徐州。东坡肉的原型是徐州的回赠肉。回赠肉是徐州的"东坡四珍"（据说其他三珍为：金蟾戏珠、五关鸡、醉青虾）之一。元祐五年（公元1090年）五、六月间，浙西一带大雨不止，太湖泛滥，庄稼大片被淹。由于苏轼及早采取有效措施，使浙西一带的人民度过了最困难的时期。他组织民工疏浚西湖，筑堤建桥，使西湖旧貌变新颜。杭州的老百姓很感谢苏轼做的这件好事。听说苏轼最喜欢吃猪肉，于是大家就抬猪担酒来拜谢。苏轼收到后，便让家人将肉做成红烧肉，然后分送给民众食用，大家把苏轼送来的肉亲切地称为"东坡肉"。

除了东坡肉，松鼠鳜鱼也是江苏菜系代表，这里还有一个小故事呢！

松鼠鳜鱼的故事

松鼠鳜鱼是苏州松鹤楼菜馆的名菜，也是苏式菜肴中的珍品。松鼠鳜鱼是由古代的"鱼炙"演变而来，因其菜形酷似松鼠而得名。传说有一次，店家刚把这道菜端上来，鱼首微昂，鱼尾高翘，浇上卤汁，立即发出"吱吱"的声音，犹如松鼠在欢鸣一般。于是，松鼠鳜鱼的名字就叫开了。

三、粤菜

粤菜（见图3-1-4）即广东菜，由广州、潮州、东江三地特色菜点发展而成，清而不淡，鲜而不俗，选料精当，品种多样。粤菜注意吸取各菜系之长，形成多种烹饪形式，是具有自己独特风味的菜系。

粤菜的各种名称趣谈

三位顾客到饭店吃饭，点了生炒排骨、咕噜肉、西湖牛、肉片汤。服务员便向顾客解释说："头两款都是酸甜的，而西湖牛和肉片汤一样，都是汤。"顾客听了，不禁愕然问："我们吃过炒肉片、炒牛肉都是咸的，为什么生炒排骨却是酸甜的呢？"另一位顾客说："我吃过西湖鱼，不是汤，为什么西湖牛却是汤呢？"服务员一时难以解答，只好说："广州菜就是这样多样化。"

图3-1-4　粤　菜

四、川菜

川菜（见图3-1-5）风味包括成都、重庆和乐山、自贡等地方菜的特色。主要特点在于味型多样。辣椒、胡椒、花椒、豆瓣酱等是主要调味品，不同的配比化出了麻辣、酸辣、椒麻、麻酱、蒜泥、芥末、红油、糖醋、鱼香、怪味等各种味型，无不厚实醇浓，具有"一菜一格""百菜百味"的特殊风味，在国际上享有"食在中国，味在四川"的美誉。其中最负盛名的菜肴有：宫保鸡丁、麻婆豆腐。

图3-1-5　川　菜

五、浙菜

浙菜（见图3-1-6）历史悠久，它的风味包括杭州、宁波和绍兴三个地方的菜点特色。杭州菜重视原料的鲜、活、嫩，以鱼、虾、时令蔬菜为主，讲究刀工，口味清鲜，突出本味。浙菜的名菜名点有：龙井虾仁、西湖药菜汤、虾爆鳝背、西湖醋鱼、炸响铃等。

图3-1-6　浙　菜

龙井虾仁的故事

传说，龙井虾仁（见图3-1-7）与乾隆皇帝有关。一次乾隆下江南游杭州，他身着便服，漫游西湖。时值清明，当他来到龙井茶乡时，忽下大雨，只得就近在一位村姑家避雨，村姑好客，让座泡茶。茶用新采的龙井，炭火烧制的山泉所沏。乾隆饮到如此香馥味醇的好茶，喜出望外，便想要带一点回去品尝，可又不好开口，更不愿暴露身份，便趁村姑不注意，抓了一把，藏于便服内的龙袍里。待雨过天晴告别村姑，继续游山玩水，直到日落，口渴肠饥，在西湖边一家小酒肆入座，点了几个菜，其中一个是炒虾仁。点好菜后他忽然想起带来的龙井茶叶，便想泡来解渴。于是他一边叫店小二，一边撩起便服取茶。小二接茶时看见乾隆的龙袍，吓了一跳，赶紧跑进厨房面告掌勺的店主。店主正在炒虾仁，一听圣上驾到，极为恐慌，忙中出错，竟将小二拿进来的龙井茶叶当葱段撒在炒好的虾仁中。谁知这盘菜端到乾隆面前，清香扑鼻，乾隆尝了一口，顿觉鲜嫩可口，再看盘中之菜，只见龙井翠绿欲滴，虾仁白嫩晶莹，禁不住连声称赞："好菜！好菜！"

图3-1-7　浙菜著名菜肴

从此这盘忙中出错的菜，经数代烹饪高手不断总结完善，正式定名为龙井虾仁，成为闻名遐迩的美馔佳肴。

六、闽菜

闽菜（见图3-1-8）是以福州、闽南、闽西三地区地方风味菜为主形成的菜系。福州菜清鲜、爽淡，以炸、馏、焖、炒、炖、蒸为特色，尤以烹制海鲜见长，刀工精妙，入趣于味，汤菜居多，具有鲜、香、烂、淡并稍带甜酸辣的独特风味。福建小吃点心另有一功，它取材于沿海浅滩的各式海产品，配以特色调味而成，堪称美味。

图3-1-8　闽菜

佛跳墙的故事

清代，福州官钱局宴请布政使周莲，席间一道菜是用几种海产品及鸡、鸭、羊肘、蹄爪、鸽蛋等煨制而成，极为可口。周莲命衙厨郑春发学习仿制，郑登门求教后，并改进工艺，多用海鲜，使此菜愈加鲜美。后来郑春发辞职，开办聚春园菜馆，在一次文人聚会时呈上此菜，初名福寿全，乍一启封，浓香夺坛而出，食者纷纷叫好，有人即兴赋诗云："坛启荤菜飘四邻，佛闻弃禅跳墙来。"遂由众人公议将此菜改名佛跳墙（见图3-1-9）。百余年来，风靡省内外，享誉港澳。

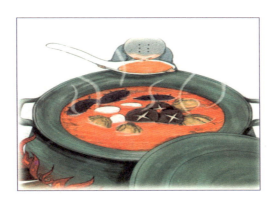

图3-1-9　闽菜特色菜肴"佛跳墙"

七、湘菜

湘菜（见图3-1-10）包括湘江流域、洞庭湖区和湘西山区三个地区的菜点特色。其特色是油重色浓，讲求实惠，注重鲜香、酸辣、软嫩，尤以辣味菜和腊菜著称。湘菜著名菜点有：东安子鸡、腊味合蒸、组庵鱼翅、冰糖湘莲、红椒腊牛肉、发丝牛百叶、火宫殿臭豆腐、吉首酸肉、换心蛋等。

图3-1-10　川菜及其特色菜肴

东安子鸡的故事

唐玄宗开元年间，有客商赶路，入夜饥饿，在路边小饭店用餐。店主老妪因无菜可供，捉来童子鸡现杀现烹。那童子鸡经过葱、姜、蒜、辣调味，香油爆炒，再喷以酒、醋、盐焖烧，红油油、亮闪闪，鲜香软嫩。客人吃得赞不绝口，到处宣传此菜绝妙。从此小店专营此菜，名噪远近，竟传千年，成为湖南名菜，鲜美异常。

八、徽菜

徽菜（见图3-1-11）风味包括皖南、沿江、沿淮之地的菜点特色。皖南菜包括黄山、歙县（古徽州）、屯溪等地，讲究火功，善烹野味，量大油重，朴素实惠，保持原汁原味。不少菜肴都是用木炭小火炖、烧、蒸而成，汤清味醇，原锅上席，香气四溢。皖南虽水产不多，但烹制经腌制的"臭鳜鱼"知名度很高。

图3-1-11　徽　菜

奶汁肥王鱼的故事

肥王鱼又称淮王鱼、回王鱼，国内罕见，产于安徽凤台县境内峡山口一带数十里长的水域里，为鱼中上品。西汉淮南王刘安喜食肥王鱼，一次刘安宴请众臣，因人多鱼少，厨师以其他鱼混充，被刘安识破，大发雷霆："吾一日不能无肥王。"可见肥王鱼受宠之程度了。后此菜流入蚌埠、合肥一带民间，并以奶汁鸡汤煨煮，成为徽菜一绝。

小试牛刀

　　了解了这么多菜系，同学们，如果你现在开了一家餐厅，试着为顾客介绍一下不同菜系的特点和招牌菜吧！并试着连一连！

　　　　徽菜　　　　　　　

　　　　　　　　　　　　浙菜

　　　　苏菜　　　　　　　

　　　　　　　　　　　　湘菜

　　　　鲁菜　　　　　　　

　　　　　　　　　　　　闽菜

　　　　粤菜　　　　　　　

　　　　　　　　　　　　川菜

走笔谢孟谏议寄新茶（节选）

（唐）卢　仝

一碗喉吻润，二碗破孤闷。

三碗搜枯肠，惟有文字五千卷。

四碗发轻汗，平生不平事，尽向毛孔散。

五碗肌骨清，六碗通仙灵。

七碗吃不得也，唯觉两腋习习清风生。

　　茶在中国有着悠久的历史，世界公认的饮茶就是中国首创。根据陆羽《茶经》记载："茶之为饮，发乎于神农氏。"他认为饮茶起于神农氏。根据相关历史文献记载，中国在先秦时期就已经开始了对茶叶的探索。

　　中国饮茶盛行于唐。唐朝，茶叶开始逐渐地进入社会大众生活日常。在这一过程中，有一批文人骚客、儒家大士开始深入地研究茶叶，其中尤以陆羽为最，陆羽（见图3-2-1）所著的《茶经》更是世界现存最早、最完整、最全面介绍茶的专著，被后人誉为茶叶的百科全书。

图3-2-1　陆羽烹茗

　　茶的别名、雅称、分类。

　　自古以来，文人墨客对茶尤为青睐。实际上，茶有时并不叫"茶"，在不同时期、不同地方，茶有许多不同的别名和雅称，其中一些茶的雅称蕴义非凡，颇有情趣。

　　先说别名，最常用的当数"茗"，茶即是茗，茗即是茶。由此派生的则

有茶茗、茗饮。根据特点而来的别称有：苦口师、冷面草、余甘氏、森伯、离乡草。根据功用而来的别称有：不夜侯、涤烦子等。

再说雅称，唐宋时流行团饼茶，于是有月团、金饼等雅称。"茶者，南方之嘉木也，一尺二尺，乃至数十尺。"陆羽《茶经》称茶为"南方嘉木"；宋代苏易简《文房四谱》说："叶嘉，字清友，号玉川先生。清友谓茶也。"茶则是"清友""玉川先生"。

茶叶按加工工艺可分为绿茶、白茶、黄茶、青茶、红茶、黑茶六大类（见图3-2-2）。六大类茶中，绿茶为不发酵，白茶、黄茶为轻度发酵，青茶为中度发酵、红茶、黑茶为全发酵。

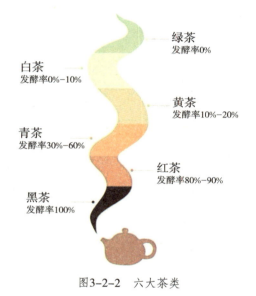

绿茶
发酵率0%

白茶
发酵率0%-10%

黄茶
发酵率10%-20%

青茶
发酵率30%-60%

红茶
发酵率80%-90%

黑茶
发酵率100%

图3-2-2　六大茶类

奇闻趣事

一、神农尝百草

相传神农（见图3-2-3）有一个水晶般透明的肚子，吃下什么东西，人们都可以从他的胃肠里看得清清楚楚。那时候的人，吃东西都是生吞活剥的，因此经常闹病。神农为了解除人们的疾苦，就把看到的植物都尝试一遍，看看这些植物在肚子里的变化，判断哪些无毒哪些有毒。

当他尝到一种开白花的常绿树嫩叶时，就在肚子里从上到下，从下到上，到处流动洗涤，好似在肚子里检查什么，于是他就把这种绿叶称为"查"。

图3-2-3　神农尝百草

以后人们又把"查"叫成"茶"。神农长年累月地跋山涉水，尝试百草，每天都得中毒几次，全靠茶来解毒。

二、茶马古道

茶马古道，是我国西南地区汉藏民族联系的通道，也是我国历史上最古老的对外经贸商路。这条商路更是被称作"Asian Corridor In Heaven"，亚洲的天堂走廊。萌芽于两千年前的汉代，正式形成于唐宋时期。

川藏茶马古道是最早的一条道路，汉朝时期蜀地的商人们就渡过大渡河与河西的商人们进行着物产交换，其路线是：由成都、临邛（今四川邛崃）出发至木雅草原（今四川康定境内）的牦牛王部中心。这条路线也是西南丝绸之路的一段。

滇藏茶马古道大约兴起于唐代，明清时期达到鼎盛。这一时期的茶马古道异常兴盛，清人檀萃在其《滇海虞衡志》中云："普茶，名重于天下，此滇之为产而资利赖者也。入山作茶者数十万人，茶客收买运于各处，每盈路，可谓大钱矣。"

三、喝茶中的叩手礼

主人给客人倒茶时，客人不需要说谢谢，只要伸出手指在桌面敲几下，

这就是茶人之间心照不宣的"暗号"——叩手礼（见图3-2-4）。

以"手"代"首"，二者同音，这样，"叩首"为"叩手"所代，三个指头弯曲即表示"三跪"，指头轻叩九下，表示"九叩首"。至今还有不少地方行此礼，每当主人请客倒茶之际，客人即以叩手礼表示感谢。

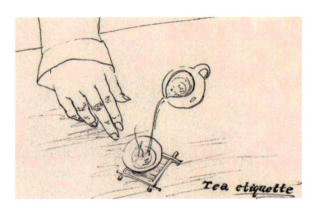

图3-2-4　叩手礼

据传，乾隆皇帝微服私访下江南，带着一帮大臣去当地一家有名的茶馆喝茶。由于生意太好，小二忙不过来，拿了茶壶往桌上一放，说完"你们自己倒吧"，就走了。那茶壶正好放在了乾隆旁边，没等大臣们反应过来，却见乾隆已经拿起茶壶给大家倒起了茶。大臣们个个诚惶诚恐不知所措，要是在皇宫里，可是要立刻磕头谢恩的啊，但现在微服在外，又不能跪，怕暴露身份。这时有位大臣灵机一动，将食指和中指屈起，在桌面上轻叩三下，表示跪地谢恩，磕了三个响头。其他大臣随之相继效仿，总算舒了口气。这件事后来被传为佳话。现在南方人喝茶就常有这个习惯，别人为自己倒茶时，会用手指轻点三下桌子，也叫"三叩"，以表示感谢。

四、大红袍的由来

相传明朝年间，有一秀才进京赶考，路过武夷山时病倒在路上，恰好被武夷山天心寺的老方丈看见，就叫人帮忙抬回庙里，用九龙窠的茶叶冲泡后让他喝下，后来他的病就好了。

不久，秀才金榜题名，中了状元。状元来到武夷山谢恩，在天心寺前下马，来到老方丈面前作揖感恩。特地再到九龙窠感谢那些茶树治病救命之

恩，只见崖壁上长着几株高大的茶树，枝繁叶茂，吐着一簇簇嫩芽，在阳光下闪着紫红色的光泽，煞是可爱。状元焚香礼拜，并将身披红袍脱下盖在茶树上，大红袍（见图3-2-5）遂得此名。

图3-2-5　大红袍

五、铁观音的由来

相传，清雍正三年（1725）前后，茶农魏荫（1703—1775）勤于种茶，又信奉观音，每日晨昏必在观音佛前敬献清茶一杯，数十年不辍。一天夜里，魏荫梦见自己在一溪涧边石缝中发现一株茶树，枝壮叶茂，芬芳诱人。他正想探身采摘，突然传来一阵狗吠声，把一场好梦扰醒。

第二天，魏荫果然在观音仑打石坑的石隙间发现一株如梦中所见的茶树。他喜出望外，遂将茶树移植在家中的一口破铁鼎里，悉心培育，经数年压枝繁殖，株株苗壮，叶叶油绿，便适时采制，果然茶质特异，香韵非凡，视为家珍，密藏罐中。

每逢贵客嘉宾临门，冲泡品评，凡饮过此茶的人，均赞不绝口。一天，有位塾师饮了此茶，便惊奇地问起这茶。魏荫便把梦中所遇和移植经过详细告诉塾师，并说此茶是在崖石中发现，崖石威武似罗汉，移植后又种在铁鼎中，想称它为"铁罗汉"。塾师摇头道："有的罗汉狰狞可怖，好茶岂可俗称。此茶乃观音托梦所获，还是称'铁观音'（见图3-2-6）才雅！"魏荫听后，连声叫好。

图3-2-6　铁观音茶叶

　　同学们，请尝试以小组为单位，按照下列步骤，一起动手体验一下茶文化吧。

　　洗壶—"春风拂面"—分杯—"玉液回壶"—分壶—奉茶—闻香—品茗。

或饮食，或坐走，

长者先，幼者后。

——《弟子规》（节录）

追本溯源

中华饮食源远流长，中国又被誉为"礼仪之邦""食礼之国"。懂礼、习礼、守礼、重礼的历史源远流长。饮食礼仪自然成为饮食礼仪文化的一个重要部分。中国人的饮食礼仪是比较完备的，而且有从上到下、一以贯通的特点。根据文献记载可以得知，在周代时，饮食礼仪已形成一套相当完善的制度。这些饮食礼仪在以后的社会实践中不断得到完善，不仅在古代社会发挥过重要作用，而且对现代社会依然产生着影响，成为文明时代的行为规范一部分。

走马观花

礼仪产生于饮食活动，同时又严格约束饮食活动。饮食礼仪（见图3-3-1）的涵盖面很广，不同朝代有不同的食礼。按阶层划分，有宫廷皇家食礼、官府缙绅食礼、军营将士食礼、学院士子食礼、市场商贾食礼、行帮工匠食礼、城镇居民食礼和乡村农夫食礼；按用途划分，有祭神祀祖食礼、重教尊师食礼、敬贤养老食礼、生寿婚丧食礼、贺年馈节食礼、接风饯行食礼、诗文欢会食礼、社交游乐食礼、百业帮会食礼和民间应酬食礼种种，形式和内容丰富多彩。上自帝王将相，下至黎民百姓，无不与之发生广泛的联系，无不依靠它进行社会交际。

图3-3-1　餐桌之礼

一、宴请之礼

　　中国传统的古代宴饮礼仪是按阶层划分的：宫廷、官府、行帮、民间等。一般的程序是，主人写好邀请函相邀，准备符合客人特点的食物，到期迎客于门外；客至，互致问候，延入客厅小坐，敬以茶点；导客入席，以左为上，是为首席。席中座次（见图3-3-2），以左为首座，相对者为二座，首座之下为三座，二座之下为四座。客人坐定，由主人敬酒让菜，客人以礼相谢。宴毕，导客入客厅小坐，上茶，直至辞别。席间斟酒上菜，也有一定的规程。

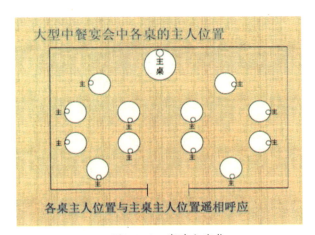

图3-3-2　宴请之座位

席座的故事

　　自古至今，中国人吃饭聚会，座次都暗含着大学问。在著名的"鸿门宴"上，项羽、项伯坐的是主位东向坐，是最尊贵的位置，其次是谋士范增南向坐，而刘邦作为项羽的客人只有北向坐，地位最低的张良自然就是西向东坐了。从座次中可以明显看出项羽对刘邦的轻视，正因为刘邦懂得宴席座次里的这些"小九九"，才能更加警惕，帮助他逃过一劫。

二、待客之礼

1. 入座礼仪

正式宴会，一般都事先安排座次，以便参加宴会者入席时井然有序，同时也是对客人的一种礼貌；非正式的宴会不必提前安排座次，但通常就座也要有上下之分。主人的陪客尽可能插在客人之间，以便与客人交谈；应等长者坐定后，方可入座；客人应等主人邀请才可坐下；主人不可让客人坐在靠近上菜的座位；需要中途离席时，跟同桌的人招呼一声是绝对必要的；离席时，应帮助隔座长者或女士拖拉座椅。用餐后，须等男、女主人离席后，其他宾客方可离席。

2. 餐桌摆放礼仪

每个人座位面前都摆有筷子、汤匙、取菜盘子、调味盘、汤碗、茶杯、酒杯等。有时也会备有放置骨头的器皿或餐巾。筷子，多使用柱形长筷。以往会以象牙、珊瑚制作的筷子作为地位的象征，不过，今日仿象牙的塑胶筷子已相当普遍了。使用长筷子的原因是便于夹菜。汤匙，多为陶瓷制。有时会备置搁置汤匙的汤匙架。取菜盘，是盘缘稍高的中型盘子。有时还需准备两只深碗——开口较深的汤碗。

三、上菜礼仪

千辛万苦把菜做好了，千万不能随意放在桌子上，《礼记·曲礼》就有一段关于怎么摆放菜肴的内容。凡是陈设餐食，带骨的菜肴放在左边，切的纯肉放在右边。饭食靠着人的左手方，羹汤放在右手边。细切的和烧烤的肉类放远些，醋和酱料放近些，葱等佐料放旁边。酒浆等饮料与羹汤放在同一方向。

四、进食之礼

用饭过程中的礼仪可谓是整个用餐礼仪的重头戏了，并且有一套完整且繁杂的程序。进食时注意吃相要文雅、从容，不要发出声响或因进食过快而打嗝；席间不得不打喷嚏、咳嗽时，应转身用手捂住口鼻，并向邻座表示歉意；吃食物时要用食物就口，不可将口去就食物；嘴内有食物时切勿说话，若进餐中遇别人问话，可等食物咽下后再回话；进餐时同别人讲话，最好放

下勺子、筷子，如不放下，也不要用手中的餐具挥舞或指指划划。不要批评菜肴的质量和味道，绝不要将此次菜品与既往历次相比，如是主人亲自烹调食物，勿忘予主人以赞赏。

五、筷子之礼

在吃饭过程中筷子应该放在碗旁边或者筷架上，不能放在碗上（见图3-3-3）。忌敲筷、忌掷筷、忌叉筷、忌插筷、忌挥筷、忌舞筷。忌敲筷，把它们当鼓槌是非常失礼的做法，更不可以拿筷子向人指指点点或打手势示意；忌吸吮筷子或把筷子插在米饭中；筷子通常放在碗的旁边，不能放在碗上或两边各放一根。据史载，宋代有个叫唐肃的人，在陪皇帝进膳时，因先横筷而犯了大不敬的罪，结果被发配。现在用膳时，即使先吃好了，也不要立即收拾碗筷，而是等全桌人用膳毕再一起收拾。这可以说是古代横筷礼仪的延续，表示"人不陪君筷陪君"。

图3-3-3　筷子之礼

了解了这么多中国的饮食礼仪，同学们，如果你家明天要宴请一家来自湖南的亲戚，你需要准备什么？需要注意什么？请你用思维导图的方式表示出来吧！

4 服 饰

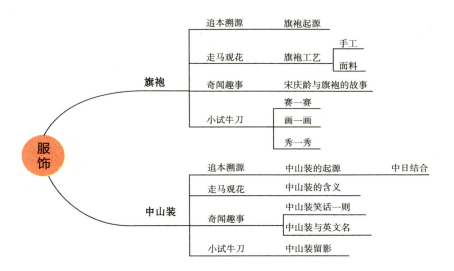

芊芊淑女，何谓佳人？最是旗袍美。

曼妙多姿，笑颜如花，在水一方。

四方舞台，何谓时尚？最是中山装。

八方声响，哪里最强，中华男儿。

（文字来源于网络）

五律·旗袍

慕容兰馨（网络名）

绿柳风中摆，新荷雨里摇。
亭亭长玉颈，款款小蛮腰。
乍现玲珑态，平添妩媚娇。
从来民国范，大美数旗袍。
锦衣旗袍诗，曼玉花样时。

旗袍诞生于民国时期，是当时的妇女时装。最早的雏形，可以追溯到明朝中期的立领中衣褂子，后移植到满族妇女无领长袍上，由此演变而来。因为满族人被称为"旗人"，故将此服饰称为"旗袍"（见图4-1-1）。

20世纪20年代到40年代，是中国旗袍最灿烂的时期。尤其是30年代，旗袍奠定了它在女装舞台上不可替代的重要地位，成为中国女装的典型代表，基本完成旗袍文化走向经典的过程。40年代是其黄金时代。经过20世纪上半叶的演变，旗袍的各种基本特征和组成元素慢慢稳定下来。旗袍成为一种经典女装，经典相对稳定，而时装千变万化。

20世纪50年代，旗袍曾有过灿烂的一瞬。在人民当家做主的时代，服装流行的主导已转向平民。从1966年至1976年，服饰演变经历了时代变迁，旗袍文化也被冷落。20世纪80年代开放之初，被冷落了三十年之久的旗袍文化显得有些落伍。近十几年来，时装中重新出现的旗袍，在国际时装舞台频频亮相，风姿绰约犹胜当年，并被作为一种有民族代表意义的正式礼服在各种国际社交礼仪场合出现。旗袍，被誉为中国国粹和女性国服。

图4-1-1　旗袍卡通形象

旗袍作为中国妇女的传统服装，既有历史沧桑感，又极富艺术美感，因而极具收藏价值。现代穿旗袍的女性虽然不多，但现代旗袍中不少地方仍保持了传统韵味，同时又能体现时尚之美。

一、旗袍之美——手工篇

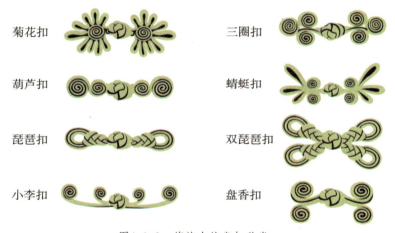

图4-1-2　旗袍上的盘扣种类

刺绣：刺绣是旗袍中常用的工艺，也是区分旗袍精致程度的重要指标之一。盘绣，大致上就是边固定边绣，一根线一个图案。刺绣，又分为苏绣、京绣、粤绣等不同风格，一般说苏绣最为精细、精美，如"双面绣"，分不出正反面，而京绣则粗犷大方。

盘扣：分领扣和大襟扣，简单的有一字扣、蝴蝶扣、葫芦扣、琵琶扣等，复杂一些的如荷花扣、凤尾扣、吉祥如意扣、牡丹扣等，根据不同面料、不同花色和不同款式取材，图4-1-2展现了一部分盘扣的种类。

荡：旗袍上用小布条做的装饰，如金丝绦盘花等，为荡。

拼：根据旗袍的款式、颜色，在旗袍上拼接绣片等，为拼。

绲：即绲边。最有名的是慈禧的"十八滚"，是一种原始的工艺，在旗

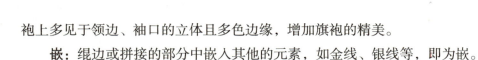

袍上多见于领边、袖口的立体且多色边缘，增加旗袍的精美。

嵌：绲边或拼接的部分中嵌入其他的元素，如金线、银线等，即为嵌。

镶：在旗袍上贴珠子、水晶等，即为镶。

手绘：用特殊的化学原料在成品的旗袍上进行手绘，如水墨画等，这种图案经一般干洗也不会脱落。

二、旗袍之美——面料篇

旗袍采用面料多种（见图4-1-3），但主要是以下五种。

缂丝：一种织锦工艺，使花色、图案看不出绣工的痕迹。缂丝又名刻丝，与刺绣、玉雕和象牙雕、景泰蓝并称为中国四大特种工艺品，并与云锦合称中国两大珍品手工丝织物。缂丝已有四千多年的历史，以生蚕丝做经线、彩色熟蚕丝做纬线，采用"通经断纬"的技法织成。

云锦：云锦被誉为"寸锦寸金"，主要特点是逐花异色，从不同角度观看，绣品上的花卉色彩不同。

图4-1-3　旗袍的面料

香云纱：香云纱俗称莨绸、云纱，由于穿着走路时沙沙作响，所以也作"响云纱"。香云纱以广东特色植物薯莨汁对桑蚕丝浸染，染后暴晒，此过程反复三四十遍，最后在天亮前将河涌淤泥覆于其上，形成自然纹理的光亮面料。

织锦缎：真丝与人造丝混合织成，人造丝具有光亮的特点，因此织锦缎比天然丝绸更加光亮。

丝绸：天然面料，具有柔软、有垂感的特性。

宋庆龄与旗袍

海伦·福斯特·斯诺是《西行漫记》作者斯诺的前妻。此书记录了她当时的丈夫与毛泽东在延安窑洞时期的会晤。1931年海伦第一次去上海时，年仅23岁。海伦的好友波莉在全美到处为中国的"中国工合国际委员会"筹款，宋庆龄得知后把自己的旗袍送给她并嘱咐波莉在全美各地演讲时穿上。斯诺夫妇到达菲律宾继续为中国的"工合"筹款，波莉将旗袍又送给了斯诺夫妇。1998年3月17日，58年后，这件漂亮的旗袍从美国回归中国，回到了北京后海北沿46号"宋庆龄故居"。

亲爱的读者，旗袍是中华女性服饰具有典型意义的样式。它是一种文化表达，连接起过去和未来、生活和艺术、审美和现实、中国和世界。关于旗袍，你了解多少？通过旗袍系列活动，让我们一起走近旗袍，深入了解中国传统文化，展现我们的文化自信。

1. 赛一赛：旗袍之礼，知识抢答。

2. 画一画：旗袍之美，尽收笔下。

3. 秀一秀：旗袍之秀，闪耀中华。

中山装，铁饭碗，粮食布匹凭票买；

禁缠足，倡女权，男女平等追求新；

剪辫子，称先生，人格平等意义深。

——民国歌谣

追本溯源

如今，世界各国大体上都以穿西装为主，但在节日或重大庆典活动时，各民族的人都要穿上自己的民族服装。印度总统穿一身洁白的印度长袍，日本首相着一袭宽大的和服。中华民族，作为这个世界上人口最多的民族，拥有五千年光辉灿烂的文明历史，我们的民族代表服饰便是中山装。

中山装（Chinese tunic suit；Mao suit）是孙中山先生在广泛吸收欧美服饰的基础上，综合了日式学生服装（诘襟服）与中式服装的特点，设计出的一种直翻领有袋盖的四贴袋服装，并被世人称为中山装。

相传，1919年，近现代中国革命先驱孙中山先生请上海亨利服装店将一套英国陆军制服改成便装。这套便装在保留军服某些式样的基础上，吸取了中式服装和西装的优点，显得精练、简便、大方。由于孙中山先生的提倡及他的名望，这种直翻领有袋盖的四贴袋服装便很快流传，并成为当时中国男子普遍穿用的服装。

中山装作为中国人一度推崇的常式礼服，它同时也承载着一种文化，一种礼仪，一份民族自尊和自豪感。

走马观花

1912年民国政府通令将中山装定为礼服，修改中山装造型，并赋予了新的含义（见图4-2-1）。中山装样式为立翻领（最早为立领），对襟，前襟五粒扣，四个贴袋，袖口三粒扣，后片不破缝。这些形制其实是有讲究的，根据《易经》周代礼仪等内容赋予其深厚的含义。

其一，衣服外的四个口袋代表"国之四维"：礼、义、廉、耻。

其二，门襟五粒纽扣代表五权分立：立法、司法、行政、考试权及监察权。

其三，左右袖口的三个纽扣则分别表示三民主义的"民族、民权、民生"和共和的理念"平等、自由、博爱"。

其四，后背不破缝，表示国家和平统一之大义。

其五，衣领定为翻领封闭式，显示严谨治国的理念。

后背不破缝，表示国家和平统一之大义
The back has no break seam, having the meaning of peaceful reunification of the nation.

倒山字形"笔架盖"象征崇文兴教。
The Reverse-mountain-shape "Brush-stand Covers" Represent the Thought of Respecting Culture and Promoting Education.

五粒扣代表"行政、立法、司法、考试、监察"五权宪法。
The five buttons represent the five rights in constitution: administration, legislation, judiciary, examination and supervision.

袖口上的三粒扣表示"民族、民生、民权"的三民主义。
The three buttons at sleeve opening mean the Three People's Principles: Nationalism, Democracy, the People's Livelihood.

四个口袋寓意"礼、义、廉、耻"四大美德。
The Four Pockets Have the Morale of the Four Virtues about "Sense of Propriety, Justice, Honesty and Honor" of Chinese nationality.

口袋上的四粒扣表示人民拥有的"选举、罢免、创制、复决"的四权。
The four buttons on the pocket mean the four rights enjoyed by the people: election, dismissal, making and review.

图4-2-1 中山装包含的意义

在服装产业蓬勃发展的今天，中山装并没有退出常式礼服的历史舞台。媒体上常有国家领导人身着中山装参加国际重要会议的身影，有华人穿着中山装参加国际性颁奖典礼等的消息。从这些有关中山装的报道中，我们感受着作为一个中国人对中山装的喜爱和执着，意识到我们文化血脉的传承中，其实早已有了中山装的深深烙印。

一、中山装吓坏学校

民国时期，中山装已经成为公务员及教育界人士最流行的服装，穿中山装的人会被认为是官员。著名报人张慧剑就曾记述，他穿着中山装去浙江金华一所村小观光，没想到全校震惊。原来因为他穿着中山装，学校师生误将

他当成了县督学。

二、中山装的英文名为Mao suit

西方媒体多不识这个政治图腾——中山装。相对于它的起源，由于只看到毛泽东主席一天到晚穿着它，所以英文里都称它为"毛装"（Mao suit）。

小试牛刀

亲爱的读者，只要你留心观察，就会发现中山装就在我们身边，请你去商场看一看，去大街上走一走……用相机记录下你和中山装的合影吧！当然，你也可以自己试穿一下中山装，然后拍下纪念照。

5 道家及科学

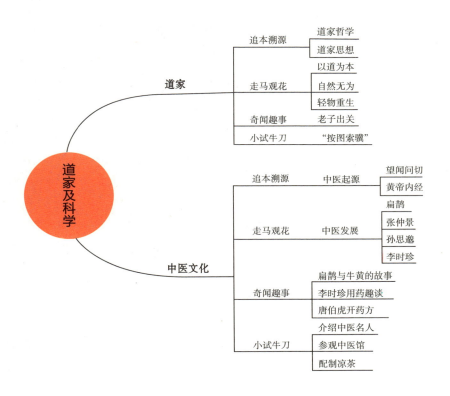

春风和煦满常山，芍药天麻及牡丹。

远志去寻使君子，当归何必找泽兰。

世间行乐亦如此，古来万事东流水。

（文字来源于网络）

空中歌三首·其一（节选）

吾今获轻举，修行立功尔。

三界尽稽首，从容紫宫里。

停驾虚无中，人生若流水。

——三国·葛玄

范曾《老子演易》

（图片来源于网络）

道家强调生命的自然属性，认为人的生命只有回归自然，与自然合一，才能获得自由和永恒。道家重视人的生命，相当注重养生，其中有些"长生"思想，演变成为后世道教神仙长生思想的理论依据。

老子《道德经》全书所要讲述的核心思想是"道"。"道"是宇宙的本原，是万物的主宰和运行的法则。其核心思想可以归纳为三个方面。

一、以"道"为本

道家之所以叫作"道"家，就是因为它以"道"为思想核心。这里的道，本来指的是"天道"，是说日月星辰等天体运行的轨道或法则。可是到了老子这里，"道"指的是天地万物的本原，是哲学研究的根本问题之一。从这个意义上来讲，这是道家哲学对于我们中国哲学的一个非常重要的贡献。

图5-1-1 《道德经》书影

二、自然无为

老子认为"无为"是"道"的一个主要的性质。"无为"既可以是一种治理国家的方法，也可以是个人的一种生活态度。作为治理国家的原则而言，无为就是要求统治者对老百姓听之任之，不要过多干预；作为个人的生活态度而言，无为和另外一个道家的大师庄子讲的"逍遥"意思接近，指的是一种自由自在的生命感受。

三、轻物重生

道家认为生命的价值重于任何外在的东西，比如说功名利禄这些东西。要求治理国家的君主要重视老百姓的生命、关注老百姓的身体。另外一位道家大师庄子认为追求精神的自由更为重要。也是符合"轻物重生"的原则的。

传说周敬王四年（公元前516年，距今2500多年前），周王室发生内乱。作为掌管历史的史官，老聃受到牵连，见到战乱导致百姓死伤无数，他非常难过，于是就骑了一头青牛，向西边去往秦国，到了函谷关。守关的长官叫关尹，知道有一位圣人要来函谷关，便早早就准备好了要向老聃求教。忽然一天，他看见一位老人骑着青牛，头发胡子都白了，眉毛胡须都很长，耳朵又长又大，穿着白色的袍子，简朴洁净，气度非凡。他心想这一定就是圣人老子。于是他连忙将之迎接到了干净的住处，像学生对待老师一般恭恭敬敬对待老聃。关尹再三请求老聃将自己的学问写下来，以便给后世留下经典，长久地造福世人。老聃见关尹很有涵养，而且非常有诚意，于是就答应了他。老子把他平生的思想分为《道经》《德经》写了下来，一共写了5000多字。关尹得到了老子的书，高兴得不得了，每天都认真地学习研究。老聃写完书之后，就骑着青牛出了函谷关，从那以后，谁也没有再见过他。

图5-1-2　范曾《老子出关》

（图片来源于网络）

小试牛刀

　　同学们，相信你们对道家和道教有了一定的了解。请大家在下面的图片中找一找，哪些地方具有道家或者道教的影子呢？请大家找出来。

图5-1-3　武当山是道教圣地，琼中台观是著名的道观

图5-1-4　福建泉州老君岩的宋代老子像

图5-1-5　这个玉佩里面雕刻了太极图，外围则是八卦

图5-1-6　唐代吴道子《八十七神仙图卷》（局部）

阴阳五行明，

脏腑经络精，

理法方药多变通。

精髓在其中，

内经达温病，

实践贯古今，

岐伯仲景各家功，

仁和又精诚。

——中医谣

你找中医大夫瞧过病吗？中医大夫是不是要看你的舌头、面色、皮肤，还要仔细听你的声音，问问吃饭睡觉等相关情况，最后还要给你把把脉呢？其实，这就是传统的中医"四诊"——望闻问切（见图5-2-1）。

中医作为中国的四大国粹之一，一般指中国以汉民族劳动人民为主创造的传统医学。

中医从原始社会就有了，基本理论在春秋战国时期形成。它的理论基础和源泉是《黄帝内经》（见图5-2-2）——我国第一部中医理论经典，轩辕黄帝就是中医的鼻祖。

图5-2-1　望闻问切四诊图

"中医学"包含"中药学"。"神农氏尝百草，一日而遇七十毒"就描述了神农氏为了医学实践而探索的精神，正是这种精神奠定了中国医学的基础。后人为了纪念他，将中国的第一部医学著作命名为《神农本草经》。

图5-2-2　《黄帝内经》书影

中华医道历史悠久，无数的医家不断丰富和完善着中医的理论和实践方法。扁鹊、张仲景、华佗……他们承前启后，各有所长，快来一睹他们的风采吧！

一、中医理论的奠定——脉学介导者：扁鹊

望而知之者，望见其五色，以知其病。闻而知之者，闻其五音，以别其病。问而知之者，问其所欲五味，以知其病所起所在也。切脉而知之音，诊其寸口，视其虚实，以知其病，病在何脏腑也。

——《难经》

秦缓（前407-前310），其人姬姓，秦氏，名缓，春秋战国时期名医，医术高超，所以人们就用传说中上古轩辕时代名医扁鹊的名字来称呼他。扁鹊年少时向长桑君学医，获得真传，各科都很擅长。在秦国主攻儿科，在周国以五官科闻名，在赵国以妇科为人称道……扁鹊创造了中医学"望闻问切"的诊断方法，开启了中医学的先河，并一直沿用至今。

二、中医临床的灵魂——医圣：张仲景

进则救世，退则救民；不能为良相，亦当为良医。

张仲景（150-219），东汉著名医学家，被后人尊称为"医圣"。他广泛收集医方，写出了传世巨著《伤寒杂病论》。《伤寒杂病论》是人类医药史上第一部"理、法、方、药"完备的医学典籍，第一次系统完整地阐述了流行病和各种内科杂症的病因、病理，以及治疗原则和治疗方法，为后世临床各科的发展奠定了坚实的理论基础。

三、中医临床的变革——外科之祖：华佗

人体欲得劳动，但不当使极耳，动摇则谷气得消，血脉流通，病不得生。譬如户枢，终不朽也。

华佗（145-208），东汉著名医学家。华佗（见图5-2-3）医术十分精湛，他发明了麻沸散，首创用全身麻醉的方法进行外科手术，从而大大提高了手术的技术和疗效。他还创立了著名的"五禽戏"。"五禽戏"即模仿五种动物"虎、鹿、熊、猿、鸟"的动作、神态，使人在锻炼中灵活手足，通畅血脉，预防疾病。

图5-2-3 华佗图

四、中医理念的进步——药王：孙思邈

养性十大要——一曰啬神，二曰爱气，三曰养形，四曰导引，五曰言论，六曰饮食，七曰房室，八曰反俗，九曰医药，十曰禁忌。

孙思邈（541-682），唐代医药学家，道士，被后人尊称为"药王"。他十分重视民间的医疗经验，不断积累走访、及时记录，完成了著作《千金要方》。他身上还有众多"第一"头衔。例如，第一个倡导对妇女和儿童单独设科，第一个完整阐述"医德"，第一个发明导尿术，第一个麻风病专家，等等。

五、中医的完善——药圣：李时珍

饮食者，人之命脉。少饮则和气行血；痛饮则伤神耗血。

李时珍（1518-1593），明代著名医药学家。他从1565年起，先后到湖广、安徽、河南、河北等地收集药物标本和处方，参考历代医药等书籍，考古证今，弄清许多疑难问题，历经27年，终于完成了192万字的巨著《本草纲目》。

《本草纲目》收集药物1518种，其中植物1195种，古代药方11096种，是中国迄今为止最完整，最科学的一部医学著作，被称作"东方医学的巨典"。

神医用药，药到病除？偶然的巧合也能变成医药发展的机遇？让我们走近神医，走近这流传多年的趣闻故事，来一起感受身为医者的乐趣。

一、扁鹊与牛黄

牛黄，一味名贵的中药。相传，它是我国古代医学家扁鹊在无意中发现的。

一天，扁鹊正在桌上整理煅制好的金礞石。此时，邻居阳宝杀了一头病牛，发现牛胆囊中有些像石头样的东西，不知何物，便提来向扁鹊请教。扁鹊剖开胆囊，取出两枚"石头"放在桌上，仔细琢磨。

这时，阳宝又惊叫着跑来，说其父亲一口气上不来，在炕上抽搐不停。扁鹊急忙去阳宝家，只见阳宝的父亲双眼上翻，喉中噜噜有声。看罢，他立即吩咐阳宝到桌上取来金礞石研成末，给其父灌下。须臾，阳宝父亲便止住抽搐，气息也平静了。扁鹊回家时却发现桌上的两枚牛"石头"不见了。细寻之下，原来阳宝在慌乱中错把牛黄当金礞石拿去了。扁鹊暗想：难道这种石头真有豁痰定惊的功效？次日，便有意用其配药，给阳宝的父亲服用。不日，阳宝父亲的病奇迹般地好了。

扁鹊就将这种黄牛胆内的深黄色之物命名为"牛黄"。从此，名贵而奇效的中药"牛黄"便诞生了。

二、李时珍用药趣谈

有一天，明朝著名医药学家李时珍先后为两个病情相同的病人开方。待病人走后，他的学生不解地问老师："刚才两个人都是发烧怕冷，为什么你对那个老人用药轻，而对那个小孩用药量反而重呢？"李时珍笑了笑说："那个老人已是风烛残年，他反复说自己病重难好，回去后必定会多喝药汁，药量轻些反倒合适；而那小孩年幼无知，刚才看他烦躁啼哭，等到大人喂药时想必哭哭闹闹、洒洒泼泼，能喂进多少呢？所以药量自然要大些。俗话说'十个病人十个样'，可不能一样对待啊！"

成人药量大、小儿药量小，这是常理。反其道而行之，经过李时珍解释却又很合理。

三、唐伯虎开药方

有一日，明代大才子唐伯虎应邀到祝家饮酒，闻后院小儿哭声不绝，唐伯虎惊问主人祝允明："贤侄为何如此啼哭？"

祝允明不由一声长叹："唉！实不相瞒，三天前，小儿腹胀如鼓，小便不利，连请几位郎中治疗均未见好转。"唐伯虎略一沉吟，说："不妨，待我试试。"说罢，取过笔墨纸砚，立刻开了一张药方。他叮嘱："速将此物选三个大的，用同一个臼共同捣碎，然后敷于患者脐部，不日即可痊愈。"祝允明接过药方，只见上面题着一首诗谜："尖顶宝塔五六层，和尚出门慢步行。一把圆扇半遮面，听见人来就关门。"

祝允明看了微微一笑，提笔在诗的下角注上两个字"田螺"。叫家人按

方抓药，遵照唐伯虎的嘱咐医治。果然，不到两天，小儿便饮食如常，康复如初了。原来唐伯虎开的药方是田螺。田螺亦称黄螺，它不仅味道鲜美，营养丰富，而且经历代医药学家证明，可以治疗小儿鼓胀病、痔疮、小便不畅等多种疾病。

一、说一说

你了解哪些古代中医名人呢？请试着用简短的语言向同学或父母介绍一下。

二、想一想

在炎热的夏天，他们的做法对吗？为什么？

图5-2-4　冰桶大赛　　图5-2-5　睡觉不盖被子　　图5-2-6　勤洗澡
（图片来源于网络）　（图片来源于网络）　　（图片来源于网络）

三、秀一秀

1.走进中医馆参观学习，感受中药房、针灸馆、煎药室的工作。

2.在医师的指导下，配制降暑凉茶，并带回家中与亲人一同品尝。

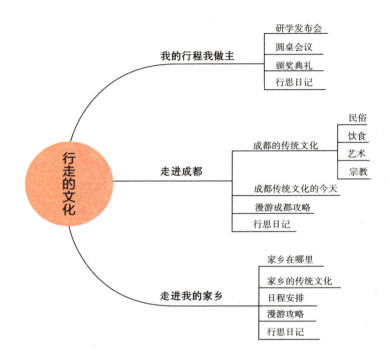

中国的传统文化源远流长，是中华民族得以繁衍发展的精神寄托和智慧结晶，是民族凝聚力和进取心的真正动因。对于一个城市而言，其传统文化包含物质和非物质的文化形式，其中表现最为突出的是民俗风情、艺术遗存、饮食文化、宗教流传等诸多方面。本章让我们一起学习如何通过研学去了解你的家乡传统文化。

（文字来源于网络）

思考

1. 你的家乡在哪里？

2. 你的家乡有哪些有特色的传统文化？

3. 如果让你当导游带着其他同学去了解你家乡的传统文化，你会在出发前做哪些准备？

走进成都

赠花卿

（唐）杜 甫

锦城丝管日纷纷，半入江风半入云。

此曲只应天上有，人间能得几回闻。

成都，国家历史文化名城，古蜀文明发祥地，中国十大古都之一。当年因为周太王的"一年成邑，二年成都"，故名成都；一直都是各朝代的州、郡治所；在汉朝是全国五大都会之一；在唐朝是中国最发达的工商业城市之一；在北宋是汴京以外的第二大都会，在这里发明了世界上第一种纸币交子。除此之外，成都还拥有都江堰、武侯祠、杜甫草堂、金沙遗址等名胜古迹，是中国著名旅游城市。

小明是四川成都人，准备暑假带着班上的几名同学去体验成都的传统文化。让我们来看看小明是如何带着同学们去了解他的家乡的。在这个过程中请你边学边想，仔细了解研学的过程中需要掌握的关键点。

成都的传统文化

出行前，小明准备了一张成都的地图，带领同学们从互联网上开始了解成都的民间传统文化。

一、民俗

糖画，是一种传统民间手工艺，以糖为材料来进行创作。其最早起源于四川的唐代大诗人陈子昂出于兴趣创造出的新型糖艺方式。所用的工具仅一勺一铲，糖料一般是红、白糖加上少许饴糖放在炉子上用温火熬制，熬到可以牵丝时即可以用来浇铸造型了。糖画可以做成各种形式，最受欢迎的糖画形式就是龙飞凤舞了。

糖　画

郫县豆瓣是中国顶尖调味料之一，具有辣味重、鲜红油润、辣椒块大、回味香甜的特点，是川味食谱中常用的调味佳品，有"川菜之魂"之称。

郫县豆瓣制作技艺

二、艺术

川剧，是中国传统戏曲剧种之一，由昆腔、高腔、胡琴、弹戏、灯调五种声腔组成。川剧分小生、须生、旦、花脸、丑角五个行当，尤以"三小"，即小丑、小生、小旦的表演最具特色。川剧中的变脸在世界上广为流传。

川　剧
（图片来源于网络）

　　四川漆器早在汉唐时期，就被誉为"蜀中之宝"。成都漆器在胎型上，采用了木胎、麻布脱胎、竹篾编织胎等，在髹饰技法上以雕填见长。艺人们运刀如笔，刀法流畅，近年来又创造了暗花漆下彩、银片雕填、透明漆隐花等工艺，丰富了成都漆器的技法。

四川漆艺

三、饮食

　　成都的小吃种类很多，成都常见名小吃有钟水饺、龙抄手、夫妻肺片、廖排骨、担担面、查渣面等。既有传统的，也有现代的。成都的小吃是吸引很多游客慕名而来的"活招牌"之一。

成都小吃

四、宗教

道教是中国本土宗教，以"道"为最高信仰。道教在中国古代鬼神崇拜观念上，以黄、老道家思想为理论根据，承袭战国以来的神仙方术衍化形成。四川的祖天师张道陵正式创立教团组织，距今已有1800年历史。成都的新津老君山是道教名山，也是道教主流教派全真龙门派发祥地。

成都传统文化的今天

面对着成都这么多民俗文化，小明拿着大大的城市地图犯了难："要带同学们去成都的哪些地方体验这些文化呢？"这时候同行小伙伴提出："不然先收集资料，找到各个著名的传统文化体验点的地址和门牌号，在地图上标出来吧！"小明说："好主意！"

于是小明和同学们分头查找，一个个传统文化体验点很快在硕大的城市地图上找到了定位。

糖画→宽窄巷子（成都市青羊区金河路口）

宽窄巷子

民俗　郫县豆瓣制作→郫县豆瓣厂（成都市郫都区犀浦镇犀浦浦兴街39号）

郫县豆瓣厂

川剧→四川省川剧院（成都市锦江区指挥街108号附1号）

四川省川剧院

艺术

漆艺→漆器工艺厂（成都市青羊区蜀华街72号）

漆器工艺厂

成都名小吃→锦里（成都市武侯区武侯祠大街231号附1号）

成都锦里

饮食

春熙路（成都市锦江区）

春熙路

宗教：道教→青羊宫（成都市青羊区一环路西二段9号）

青羊宫

漫游成都攻略

　　小明和同学们一起把这些景点圈在了事先准备好的地图上后开始思考，出发之前还需要做哪些准备呢？一个完善的计划是出行前必不可少的。经过大家的"头脑风暴"后，组内提出了以下几个要点。

　　1. 交通：怎么去、怎么回？在目的地可能会使用哪些交通工具？地铁还是公交？

　　2. 饮食：在哪儿吃饭？吃什么？喝什么？可以结合当地的特色小吃和特色饮食。

　　3. 住宿：住在哪里能够更加方便每天的行程开展？

　　应急预案：有可能会遇到哪些意外情况？如何应对？

思考

1. 你认为小明的行程安排合理吗？

2. 除了以上几点，你认为小明还需要做哪些方面的准备呢？

行思日记

　　亲爱的读者，你了解家乡的传统文化吗？如果身边的同学要去你的家乡参观学习，你应该做哪些准备呢？ 请大家完成以下作业，为下节课向大家介绍你的家乡做准备。

1. 用一段话介绍一下你的家乡。

2. 了解一下你家乡的传统文化有哪些。

3. 准备一张自己家乡的地图。

走进我的家乡

长干行·家临九江水

（唐）崔 颢

家临九江水，来去九江侧。
同是长干人，生小不相识。

说到家乡，每个人的内心都会涌出一股热情和激动。亲爱的读者，你的家乡在哪里？你的家乡是什么样的呢？请带着我们一起去你的家乡了解一下那里的传统文化吧。

家乡在哪里

旅行前的第一步是确定目的地。同行小组内每个人都有自己的家乡，在出行前，请你向同行成员介绍自己的家乡，然后再跟小伙伴们一起商量出本组的目的地。

小任务

1. 全班分为4个小组。

2. 每个小组成员向组内其他同学分别用一段话介绍一下自己的家乡，以组内讨论的形式确定本组的目的地。

3. 以家乡为目的地的同学担任本组组长，带领本组同学一起去探索你的家乡。

家乡的传统文化

中国的传统文化博大精深，神州大地上每块土地都有自己特有的传统文化，你的家乡又有怎样的传统文化呢？带着你的同伴一起去了解一下吧。

小任务

1. 组长向组内成员简单介绍你所了解的家乡的传统文化。

2. 带领组员结合互联网上的资料，分头了解你的家乡在以下几个方面分别有哪些传统文化并且完成下图。

3. 负责每个部分的同学在组长准备的地图上圈出能够体验对应传统文化的具体位置并记录其地址。

4. 组内讨论：除了以下几部分内容希望体验之外，可以列出你们组想去的1～3个额外机动景点，并在地图上圈出。

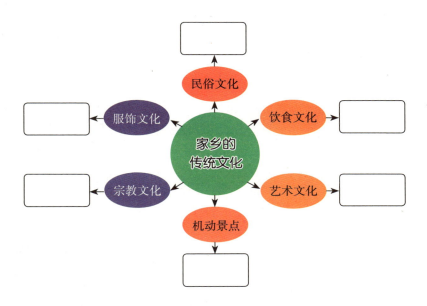

日程安排

本次出行时间为5天，每一天的行程如何具体开展才能让我们在5天时间内更有效率地去体验家乡的传统文化呢？请按照下面的提示一步步来规划一下你们小组的日程安排。

1. 各小组讨论

规则：每天可以安排2～3项活动，不多于3项。

将选定的6个景点安排到目的地的每天日程中，单独列出日程表。

提示1：地理位置上接近的项目，可以安排在一起。

提示2：选择项目类型时可以把同类的排在一起，也可以有穿插，比如看完历史景点后，去吃当地美食。

提示3：注意留出一些自由活动时间。

2. 以日期为序，将每日研学项目安排填入以下表格

时间＼日期	今日主题	第一天	第二天	第三天	第四天	第五天
今日主题						
上　午						
下　午						
晚　上						

漫游攻略

思 考

大家对于目的地的传统文化已经有了一定的了解，请大家想一想，在出发前，我们还需要做哪些方面的准备工作呢？

组长带领组员分工合作完成下表

交　通	前往目的地方式；出行方式；交通费用等
饮　食	饮食类型；饭店地址；人均费用等
住　宿	住宿价格；住宿地址；联系方式等
应急预案	备用物品；应急方案等
预　算	3000元/人

小提示：组长根据预算来对大家进行分工，每个人负责一个部分，最后把大家的计划经费统计记录在表格里；确保攻略安排合理，同时完成计划的花费也在预算之内。

行思日记

出行前的准备相信大家已经做好了，接下来总结一下你们小组的行程安排吧！

1. 组长带领组员总结今天的准备工作。

2. 组长带领组员把小组的行程安排汇总整合成PPT，其中要包括研学目的地、每日的具体研学项目、交通住宿饮食等行前需要的准备以及每人在组内的分工。为下节课的小组汇报做准备。

我的行程我做主

江南旅情

（唐）祖 咏

楚山不可极，归路但萧条。
海色晴看雨，江声夜听潮。
剑留南斗近，书寄北风遥。
为报空潭橘，无媒寄洛桥。

研学发布会

请各小组组长通过抽签的方式确定顺序，带领组员以PPT的形式向大家汇报展示本组的行程安排，展示主要包括如下内容。

1. 目的地的基本情况。

2. 目的地的传统文化简介。

3. 行前准备（交通、饮食、住宿、应急预案等）。

4. 具体行程安排。

5. 总结：选择目的地和行程安排的原因。

汇报形式自选，汇报时间在6分钟以内。

要求：请各位同学在认真聆听其他小组汇报的同时，记录下其他组的行

附录

程安排及路线。

组　名	目的地	传统文化	行程安排
第一组			
第二组			
第三组			
第四组			

圆桌会议

请各组成员进行内部交流，对于其他各组的优点和缺点进行探讨总结。

小任务

1. 参考其他各组的行程方案，自评本组需要改进的地方。

2. 小组内部讨论为其他各组打分。（总分100分，传统文化项目占25分，行前准备占25分，每日行程安排占25分，课堂展示效果占25分）

组　名	传统文化项目得分	行前准备得分	每日行程安排得分	课堂展示效果得分	总　分
第一组					
第二组					
第三组					
第四组					

完成上表后，各组小组长代表本组对其他各组行程方案的优点和缺点进行点评，同时给出本组为其他各组打出的总分。

每组的最终得分以其他各组为该组打的总得分取平均数为准。

颁奖典礼

根据评比的分数结果，得分最高的小组将被授予"最佳行程设计奖"，并作为假期的研学路线，全班同学自愿参加，费用自理。获奖小组的行程也将被上报给真爱梦想基金，同时该小组也有机会获得由真爱梦想基金提供的研究学习经费资助，免费开展你们的研学计划！

行思日记

亲爱的读者，通过本章的学习，大家应该都清楚如何去了解自己家乡的传统文化了。请大家以小组为单位，在家长的陪伴下利用假期，在研究学习中体验家乡的传统文化吧！

1. 根据老师和其他各组的意见对本组的行程安排进行修改完善。

2. 以小组为单位在家长的带领下利用假期时间实地研究家乡的传统文化。

中华优秀的传统文化源远流长，宗教、艺术、美食、服饰、民俗等都可以称之为一部有趣而深奥的书，值得我们去精读细读。而如果想要真正走进传统文化，了解传统文化，则需要读者真正用眼睛去看，用手去触摸，用心灵去感受。中华民族传统文化是中国上下五千年形成的艺术瑰宝，值得我们大家一起去了解，去学习，去传承。